新编21世纪职业教育精品教材

适用于职业院校、技工院校汽车类专业

U0454359

混合动力汽车发动机构造与维修

主 编◎李 宁 李 楷

副主编◎张金友 孙士成 赵 锦

参 编◎孙璐姿 吴明达

主 审◎赵修强

中国人民大学出版社

·北京·

图书在版编目（CIP）数据

混合动力汽车发动机构造与维修 / 李宁，李楷主编
. -- 北京：中国人民大学出版社，2024.11
新编 21 世纪职业教育精品教材
ISBN 978-7-300-32827-0

Ⅰ. ①混… Ⅱ. ①李… ②李… Ⅲ. ①混合动力汽车
－发动机－构造－职业教育－教材②混合动力汽车－发动
机－车辆修理－职业教育－教材 Ⅳ. ①U469.7

中国国家版本馆 CIP 数据核字（2024）第 098620 号

新编 21 世纪职业教育精品教材
适用于职业院校、技工院校汽车类专业
混合动力汽车发动机构造与维修
主　编　李　宁　李　楷
副主编　张金友　孙士成　赵　锦
参　编　孙璐姿　吴明达
主　审　赵修强
Hunhe Dongli Qiche Fadongji Gouzao yu Weixiu

出版发行	中国人民大学出版社		
社　　址	北京中关村大街 31 号	邮政编码	100080
电　　话	010 - 62511242（总编室）	010 - 62511770（质管部）	
	010 - 82501766（邮购部）	010 - 62514148（门市部）	
	010 - 62515195（发行公司）	010 - 62515275（盗版举报）	
网　　址	http://www.crup.com.cn		
经　　销	新华书店		
印　　刷	涿州市星河印刷有限公司		
开　　本	787 mm×1092 mm　1/16	版　次	2024 年 11 月第 1 版
印　　张	13.75	印　次	2024 年 11 月第 1 次印刷
字　　数	272 000	定　价	45.00 元

前 言
PREFACE

党的二十大报告指出，教育、科技、人才是全面建设社会主义现代化国家的基础性、战略性支撑。职业教育是我国教育体系的重要组成部分，肩负着"为党育人、为国育才"的神圣使命。本书以习近平新时代中国特色社会主义思想为指导，深入贯彻落实党的二十大精神，将思想道德建设与专业素质培养融为一体，着力培养爱党爱国、敬业奉献，具有工匠精神的高素质技能人才。

目前我国新能源汽车产销规模、保有量大幅提升，连续几年居世界首位，我国新能源汽车产业已走在世界前列。《〈中国制造 2025〉重点领域技术路线图（2015 版）》明确提出纯电动和插电式混合动力汽车、燃料电池汽车是我国未来新能源汽车领域的重点发展方向。中国汽车工程学会《节能与新能源汽车技术路线图 2.0》的发布，再次为新能源汽车技术发展提出了更为明确的思路和方向。

目前，我国各级各类技工院校（技师学院）和职业院校肩负着培养新能源汽车技术技能人才的重任。同时新能源汽车行业前、后市场对技能人才的需求量也在不断增加。为此，我们组织教师和企业人员成立课程研发小组，主要结合行业企业岗位的实际需求，并广泛参考借鉴国内外新能源汽车方面的研究成果，形成以模块式课程为载体、以工作过程为主线、以任务驱动教学为主要形式的专业课程开发思路，据此编写了本书。

本书采用项目驱动、任务导入模式，设定的任务多来源于企业一线，并配合一线教师的教学经验，达到很好的教与学效果。本书以目前市场上主流混合动力汽车的车型为参考，以混合动力汽车发动机的主流技术及检修方法为出发点，按照汽车维修职业岗位应掌握的技能和知识，设置学习任务，对混合动力汽车发动机的维修知识进行全方位的讲解。本书学习项目设置为混合动力汽车认知与高压安全、混合动力汽车发动机曲柄连杆机构检修、混合动力汽车发动机配气机构检修、混合动力汽车发动机润滑系统检修、混合动力汽车发动机冷却系统检修、混合动力汽车发动机电控系统检修。每个学习项目细分为若干学

习任务，分别按相关知识和技能的认知、拆装、检修为主线展开，以项目小结和同步练习来对相应内容进行巩固提升。

编者深入混合动力汽车维修一线收集整理关于发动机的常见故障及维修思路，选取了发动机检修的典型工作任务，按由简到繁、由浅入深、由机械到电气的原则编排了相应内容，比较符合技工院校（技师学院）老师的教学需要和学生的认知规律。

本书由济南市技师学院汽车工程系李宁和深圳技师学院交通学院李楷担任主编，由山东技师学院智慧交通学院张金友、济南市教育教学研究院孙士成、济南市历城职业中等专业学校赵锦担任副主编，参与编写的还有山东公路技师学院孙璐姿、济南职业学院吴明达，并由济南市技师学院赵修强担任主审。本书在编写过程中，参考了大量国内外相关著作和文献资料，在此一并向相关作者表示感谢。

由于编者水平有限，书中难免有错漏之处，敬请读者批评指正。

编者

目 录
CONTENTS

混合动力汽车认知与高压安全

| 学习目标 |

知识目标：(1) 了解混合动力汽车的概念、类型。

(2) 掌握高压保护措施和安全防护用具的使用。

能力目标：(1) 能够向客户介绍混合动力汽车的类型、特点。

(2) 能正确识别混合动力汽车高压部件。

(3) 能正确实施混合动力汽车断电流程。

素养目标：(1) 养成认真负责的工作态度，具有良好的职业道德。

(2) 养成安全生产意识，树立规范生产的意识。

(3) 培养善于沟通的人际交往能力。

(4) 具备一定的心理分析能力，能够做到换位思考。

(5) 通过任务实施培养工匠精神。

| 知识框架 |

```
                              ┌─────────────────┐
                          ┌───│  混合动力汽车认知  │
                          │   └─────────────────┘
┌──────────────────┐      │
│  混合动力汽车认知   │──────┤
│   与高压安全       │      │
└──────────────────┘      │   ┌─────────────────┐
                          └───│ 混合动力汽车高压安全 │
                              └─────────────────┘
```

| 建议学时 |

18 个学时。

| 项目情境 |

某国产混合动力汽车上市，因其故障率低、经济实用而广受欢迎。作为一名汽车销售服务企业的技术人员，请你对客户讲解混合动力汽车基本知识；另外，请你对一线技术人

员进行混合动力汽车高压安全相关培训，介绍安全防护用具及高压系统断电流程，确保企业安全生产。

案例导入

　　客户李先生来到 4S 店进行咨询，想要详细地了解各种混合动力汽车的类型及结构特点。假如你是 4S 店工作人员，请你向客户介绍几种最常见的混合动力汽车，并简要介绍其结构特点。

知识介绍

一、混合动力汽车的基本概念

　　混合动力汽车不同于燃油汽车和纯电动汽车，它有更多的动力选择、复杂的传动机构、灵活多样的布置形式和较低的能量消耗。目前，混合动力汽车已经成为环保、科技、高效的代名词，各国都投入了大量的人力、物力、财力进行混合动力汽车的开发与研究。

　　根据国际能源组织相关文献显示，混合动力汽车能量与功率传送路线具有以下特点：传送到车轮推进车辆行驶的能量至少来自两种不同的能量转换装置；这些能量转换装置至少要从两种不同的能量储存装置吸取能量；从储能装置流向车轮的这些通道，至少有一条是可逆的，如果可逆的储能装置供应的是电能，则称作混合动力电动汽车。

　　混合动力汽车市场中的主流车型是混合动力电动汽车，简称 HEV。国家标准《电动汽车术语》（GB/T 19596—2017）对于混合动力电动汽车的定义表明，混合动力电动汽车从可消耗的燃料以及可充电能量储存装置两类车载储存能量中获得动力。

　　混合动力电动汽车的特点是燃油发动机动力与电动机动力两种动力组合，通常把燃油发动机与电动机两种动力组合而成的混合动力电动汽车称为油电混合动力电动汽车，其基本组成如图 1-1 所示。油电混合动力电动汽车的突出优点表现为发动机可以长期工作在经济工况区，从而达到排放较低、燃油消耗较少的使用效果；发动机不存在全负荷和加速工况，因此噪声更小；可以回收制动时的能量；利用已有的燃油设施等。

　　混合动力电动汽车与传统汽车的区别在于驱动系统，混合动力电动汽车至少由两种动力源组成，一种是由发动机提供的与传统汽车类似的动力驱动系统，另一种是传统汽车上

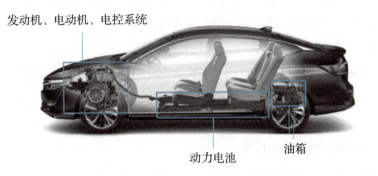

图 1-1　油电混合动力电动汽车基本组成

所没有的电驱动系统，电驱动系统通常由动力电池、电源变换器和电机等组成，为了能够利用发动机发电或回收汽车的制动能量，电驱动系统的电机可作为发电机使用，也有电动机和发电机分别设置的。

二、混合动力电动汽车的类型与构造

混合动力电动汽车是燃油发动机动力与电动机动力两种动力驱动系统的组合，由于在组合方式和混合程度等方面存在不同，形成了各具特色的混合动力电动汽车。

（一）串联式混合动力电动汽车

串联式混合动力电动汽车驱动系统的结构及驱动方式如图 1-2 所示。串联式混合动力电动汽车由电动机、发动机、发电机、动力电池和电机控制器等组成。其由发动机带动发电机发电，电能通过电机控制器输送给电动机，车辆行驶系统的驱动力来源于电动机，由电动机驱动车辆行驶。串联式混合动力电动汽车实质上是一种发动机辅助型的电动汽车，动力电池可以单独向电动机提供电能驱动车辆行驶。

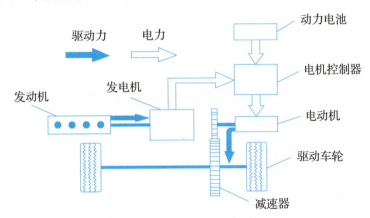

图 1-2　串联式混合动力电动汽车驱动系统的结构及驱动方式

串联式混合动力电动汽车布置灵活，传动结构简单，在发动机和发电机之间的机械连接中无离合器装置。串联式混合动力电动汽车驱动系统主要有以下几种工况：纯电驱动、串联、怠速充电、制动能量回收。

根据串联式混合动力电动汽车驱动系统的结构及驱动方式可以看出串联式混合动力电动汽车具有很多优点，其发动机能始终在最佳的工作区域内稳定运行，具有良好的经济性和较低的排放性能。发动机与发电机之间无机械连接，整车的结构布置自由度较大，各种驱动系统器件可以放在最适合的位置。

串联式混合动力电动汽车驱动系统的结构及驱动方式也存在着明显的缺点，发电机将发动机的机械能转变为电能，电动机又将电能转变为机械能，能量转换次数较多，而且动力电池在充电和放电过程中也会存在能量损失，因此发动机输出能量的利用率比较低。

（二）并联式混合动力电动汽车

并联式混合动力电动汽车驱动系统的结构及驱动方式如图1-3所示。车辆行驶系统的驱动力由电动机及发动机同时或单独供给，也可以同时使用电动机和发动机作为动力源驱动车辆行驶。

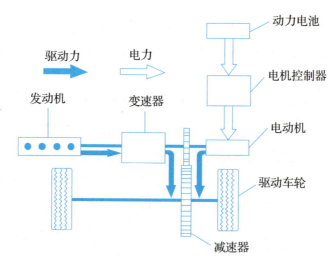

图1-3 并联式混合动力电动汽车驱动系统的结构及驱动方式

并联式混合动力电动汽车驱动系统与串联式混合动力电动汽车驱动系统相比，能量转换次数少，故系统效率高，通常该系统只需要一个功率较小的电机和电池就可以，提高了系统的总体效率，同时并未牺牲动力性能。

并联式混合动力电动汽车驱动系统有以下几种运行模式：纯内燃机驱动、行车充电、电机助力、怠速充电和能量回收。在车辆起动、低速及轻载行驶时，发动机关闭，车辆由电机驱动，此时为纯电动工况。当车辆正常行驶、加速及爬坡时，发动机和电机同时工作驱动车辆行驶。在车辆行驶过程中，当动力电池电量过低时，发动机在驱动车辆行驶的同时向动力电池补充充电。当车辆减速及制动时，电机以发电机模式工作，回收车辆制动能量，向动力电池充电。

（三）混联式混合动力电动汽车

混联式混合动力电动汽车驱动系统的结构及驱动方式如图1-4所示。混联式混合动力电动汽车驱动系统在结构上综合了串联式和并联式的特点，其可以在串联模式下工作，也可以在并联模式下工作。

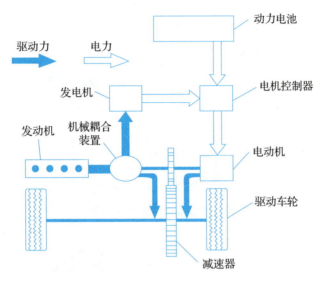

图1-4　混联式混合动力电动汽车驱动系统的结构及驱动方式

混联式混合动力电动汽车驱动系统与串联式相比增加了机械耦合装置，与并联式相比增加了电力驱动传动系统，因此其结构相较前两种复杂、成本高。随着控制技术和制造技术的发展进步，一些现代混合动力汽车比较倾向于选择这种系统。

混联式混合动力电动汽车驱动系统的主要结构特点是通过机械耦合装置实现了功率的分配，根据汽车的行驶工况对发动机功率中用于直接驱动汽车的功率和用于发电的功率的比例进行分配。车辆正常行驶中，发动机的功率全部用于驱动车辆行驶；在全负荷、加速行驶时，发动机与动力电池共同提供动力驱动汽车行驶；在停车或者滑行时，发动机的功率全部用于驱动发电机给动力电池充电。

混联式混合动力电动汽车驱动系统的主要优点是：各个动力总成的功率和体积较小、质量轻、节能、有害气体排放少；可以使用较小功率的发动机，从而提高燃油经济性；综合能量转换效率高；具有电机独立驱动模式，可以在城市拥堵路况条件下实现"零污染"行驶，并且充分利用电动机的低速大扭矩特性，使车辆起步更有力。

混联式混合动力电动汽车驱动系统的主要缺点是：配备两套驱动系统，其中发动机传动部分需装备离合器、变速器、传动轴、驱动桥等传动装置，还需要电动机、发电机、减速器、动力电池、组合协调动力专用装置及复杂的控制系统，因而结构复杂、布置困难、成本高。

（四）插电式混合动力电动汽车

插电式混合动力电动汽车是指可外接充电的新型混合动力电动汽车，简称 PHEV。插电式混合动力电动汽车驱动系统是在串联、并联、混联混合动力电动汽车驱动系统基础上发展起来的一种系统，其结构和形式简图如图 1-5 所示。

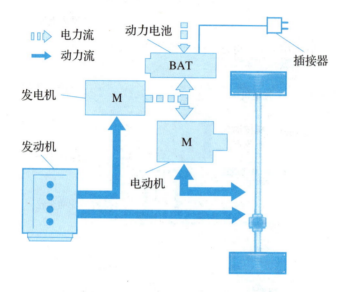

图 1-5　插电式混合动力电动汽车驱动系统的结构和形式简图

我国自主品牌比亚迪秦即插电式混合动力电动汽车，采用了双擎双模二代技术，是在比亚迪第一款双模电动汽车一代技术上全面整合、提升关键部件性能的基础上研发而成的。比亚迪秦插电式混合动力电动汽车驱动系统结构如图 1-6 所示。

插电式混合动力电动汽车兼顾了纯电动汽车和混合动力汽车的优点，适合在局部地区或短距离上下班行驶。插电式混合动力电动汽车可以作为纯电动汽车使用，其动力电池可通过外接电源充电，相当于混合动力汽车与纯电动汽车的进一步混合体。该类型车辆装备了一台车载充电器，可以利用晚上电网的低谷电对动力电池充电，提高电网效率。它的优点包括：在加满油的情况下，插电式混合动力电动汽车的行驶里程可以与混合动力汽车和内燃机汽车相媲美；在多种工况下，只要单次使用不超过动力电池可提供的续驶里程就以纯电动模式工作，车辆寿命期间的维修成本低，并且可以做到零排放和零油耗。

（五）其他形式混合动力电动汽车

混合动力电动汽车按照发动机动力与电动机动力混合的程度不同分为微混合型混合动力电动汽车、轻度混合型混合动力电动汽车、重度混合型混合动力电动汽车。

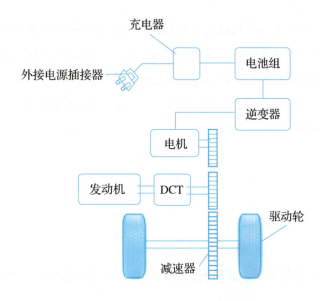

图 1-6 比亚迪秦插电式混合动力电动汽车驱动系统结构

混合动力电动汽车按照行驶模式的选择方式分为有手动选择功能的混合动力电动汽车、无手动选择功能的混合动力电动汽车。

混合动力电动汽车按照可再充电能量储存系统不同分为动力蓄电池混合动力电动汽车、超级电容器混合动力电动汽车、机电飞轮混合动力电动汽车、动力蓄电池与超级电容器组合式混合动力电动汽车等。

由于混合动力电动汽车技术特征、燃料类型、功能结构和车辆用途等因素各不相同，因此还可有其他划分形式，在此不再赘述。

🚗 **汽车的故事**

中国汽车发展——3 台 V8 发动机

1958 年，红旗 CA72 问世，这是红旗高级轿车的起点。

红旗 CA72 试制过程中，发动机是最难的部分，作为一台用于国事活动的高级轿车，工程师们想为这台车搭配一台 V8 发动机。

CA72 的 V8 发动机仿制克莱斯勒的 Firepower 发动机，原发动机匹配的是液力自动变速箱，当时全厂都没人见过实物，只能从零开始实验、拆解、分析、绘图、弄懂原理，然后仿制。机械设备加工精度不够，就用机器加工出尺寸大一些的零件，钳工锉"瘦"一圈，再进行测试，测试不通过，那就再锉一个……

工程师和工人们夜以继日，从完全陌生，到只用 26 天就仿制出了液力自动变速箱的成品。

　　自动变速箱尚可用成熟的机械变速箱取代，而发动机缸体则是无论如何也要造出来的，一汽就集中全厂力量主攻缸体铸造。一共铸造100个缸体，挑出3个合格品，再从中选出最好的一件进行精加工，最终造出成品发动机。

　　从项目上马，到红旗CA72轿车批量生产，一汽的职工前后只用了不到半年时间，这是汽车行业的奇迹。

 任务实施

一、实训器材

　　比亚迪秦整车、维修手册、高压安全防护用具、专用警示标牌、绝缘工具等。

二、实训准备

　　（1）做好安全防护工作，操作前明确操作方法规程。

　　（2）依据学习内容，认识常见混合动力汽车。

　　（3）工具、量具选用正确，不得暴力操作。

　　（4）实施作业过程中要做到7S。

三、实训要求

　　（1）保持课堂秩序，分组操作，有序进行实训，保证安全。

　　（2）两名同学互为监护人，要认真负起责任，确保作业安全。

　　（3）操作人员必须佩带必要的劳保用品。

　　（4）发生异常事故和火灾时，操作人员应立即切断高压回路，其他人员立即使用干粉灭火器及黄沙扑救，严禁用水剂灭火器。

四、实训步骤

　　（1）检查场地，清点人数，分组。

　　（2）上交手机，统一保管。

　　（3）确保车辆电源开关关闭，拔出点火钥匙，将钥匙妥善保管。

　　（4）从辅助蓄电池上断开负极端子电缆。

　　（5）拆下检修塞（手动维修开关）。

　　（6）小组合作，有序实训。认知常见混合动力汽车结构特点。

任务评价

任务评价如表1-1所示。

表1-1 任务评价

考核项目	评分标准	分数	学生自评	小组互评	教师评价	小计
团队合作	是否和谐	5				
活动参与	是否积极主动	5				
安全生产	有无安全隐患	10				
现场7S	是否做到	10				
任务方案	是否正确、合理	15				
操作过程	(1) 检查场地，清点人数，分组。 (2) 上交手机，统一保管。 (3) 确保车辆电源开关关闭，拔出点火钥匙，将钥匙妥善保管。 (4) 从辅助蓄电池上断开负极端子电缆。 (5) 拆下检修塞（手动维修开关）。 (6) 小组合作，有序实训。认知常见混合动力汽车结构特点	30				
任务完成情况	是否圆满完成作业	5				
工具和设备使用	是否规范、标准	10				
劳动纪律	是否能严格遵守	5				
工单填写	是否完整、规范	5				
总分		100				
教师签字：	年 月 日				得分	

任务二 混合动力汽车高压安全

案例导入

客户李先生购买了一辆混合动力汽车，行驶一段时间后来到4S店进行定期维护。作为一名4S店的技术人员，在接到派工任务后，进行车辆检修相关操作。在此过程中应佩戴哪些高压安全防护用具？如何正确实施高压系统断电流程？

混合动力汽车的动力系统既包括传统的发动机，又包括电动机，其电动机部分采用高压动力电池的电力提供的能量驱动汽车行驶，发动机和电动机在空间上距离较近，因此在对其检修过程中应重视高压安全问题。

一、高压安全防护用具

对混合动力汽车实施检修操作前，需要准备必要的防护用具，一般是绝缘安全用具，分为基本安全用具和辅助安全用具，用来确保工作时的安全性。

（1）基本安全用具。

基本安全用具指绝缘强度能长期承受设备的工作电压，并且在该电压等级产生内部过电压时能保证人员安全的用具，如绝缘杆、绝缘夹钳、验电器等。

（2）辅助安全用具。

辅助安全用具主要用来进一步加强基本安全用具的绝缘强度，例如绝缘手套、绝缘鞋、绝缘垫等。辅助安全用具不能承受过高电压，配合基本安全用具使用时能防止工作人员遭受接触电压、跨步电压、电弧灼伤等伤害。

常用安全防护用具及标识如图1-7所示。

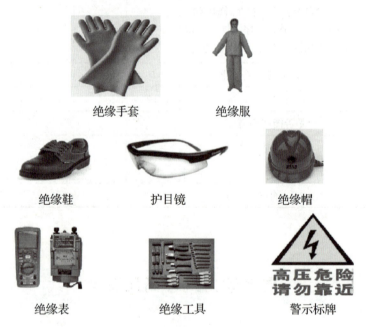

绝缘手套	绝缘服
绝缘鞋	护目镜	绝缘帽
绝缘表	绝缘工具	警示标牌

图1-7 常用安全防护用具及标识

二、混合动力汽车检修安全要求

混合动力汽车的维修人员需具备一定的资质，遵守一定的安全操作规程。维修车间内配有高压电系统的车辆必须做上标识，使用专用的警示标牌，如图1-8所示。

图 1-8　专用警示标牌

混合动力汽车高压系统的维修区应该是单独的房间、实验室或者分割并标识的独立区域。仅允许有资质的人员进入，其他人员未经许可不得进入。

三、混合动力汽车检修断电流程

在对混合动力汽车进行检查和维修时，必须按照一定规程实施断电操作，以确保安全。高压系统断电流程如图 1-9 所示。

关掉点火开关，拔出点火钥匙　　断开低压电池负极端子　　佩戴绝缘手套

拔下手动维修开关

包裹高压线路插接器　　　　验电　　　　高压电气系统电容放电

图 1-9　高压系统断电流程

（1）确保电源开关关闭，拔出点火钥匙，将钥匙妥善保管。

（2）从辅助蓄电池上断开负极端子电缆。

（3）一定要佩戴绝缘手套。

⚠ **注意**：断开电源之后，故障码（DTC）会被清除，因此断开电源之前必须检查 DTC。

（4）拆下检修塞（手动维修开关）。

⚠ **注意**：1）拆下检修塞后，不要操作电源开关，否则可能损坏混合动力汽车 ECU。

2）检修车辆时，应将拆下来的检修塞放到衣袋内，以防止其他人重新连接检修塞。

（5）放置车辆5min。至少需要5min对变频器内的高压电容器进行放电。

（6）验证高压系统是否已经断电。

（7）用绝缘胶带包裹被断开的高压线路插接器。

（8）严防设备重新通电。

四、混合动力汽车检修注意事项

（1）戴绝缘手套之前，确保绝缘手套没有破损、破洞或裂纹等，检查方法如图 1-10 所示。

（2）不要戴湿手套。

（3）高压电路的线束和插接器都是橙色；HV 蓄电池等的高压零部件都贴有"高压"警示，不要触碰到这些配线。

（4）不要携带任何类似卡尺或测量卷尺等金属物体，因为这些物体可能掉落而引起短路；拆下任何高压配线后，立刻用绝缘胶带将其绝缘。

图 1-10 检查绝缘手套

（5）一定要按规定转矩将高压螺钉端子拧紧，转矩不足或过量都可能导致故障。

（6）完成对高压系统的操作后和重新安装检修塞前，应再次确认在工作平台周围没有遗留任何零部件或工具，并确认高压端子已拧紧、插接器已连接。

（7）在车体高电压或高温处均有"警告标示"，严格按标示要求操作。

（8）洗车时请勿将高压水枪向充电口部位喷射，以避免充电口进水，发生触电危险。

（9）使用指定的充电插座及充电线，切勿自行选择充电设备。

（10）车辆消防灭火时，禁止使用"水浇法"，要采用干粉灭火器。

（11）车辆维修时，不可车体湿润或带水操作。

（12）更换电池包时，注意防酸碱，使用工业防碱手套，并佩戴防护目镜。

（13）车辆拆装时，不可同时操作正负极。

（14）禁止正负对接，避免正极或负极经人体对地。

（15）拆开的高压线接口要做绝缘处理。

（16）双人操作，一人监护，另一人操作。

🚗 汽车的故事

中国汽车发展——上汽通用五菱

上汽通用五菱，是由上海汽车集团股份有限公司、美国通用汽车公司和广西汽车集团有限公司共同经营的三方合资企业。作为我国知名的小型货车制造商之一，五菱车型在二线城市和农村地区尤为受欢迎。

改革开放以来，中国汽车的自主品牌如雨后春笋，蓬勃发展。中国制造，让中国汽车在世界舞台上也自信满满。相信在不久的将来，中国品牌的汽车不仅仅适合中国人，也可以出口到欧美，受到世界的好评，甚至引领新的潮流。

任务实施

一、实训器材

比亚迪秦整车、维修手册、高压安全防护用具、专用警示标牌、绝缘工具等。

二、实训准备

（1）做好安全防护工作，操作前明确操作方法规程。

（2）依据维修手册，正确实施高压断电。

（3）工具、量具选用正确，不得暴力操作。

（4）实施作业过程中要做到7S。

三、实训要求

（1）高压部件的调试、检修及带电组装作业，建议设立专职监护人。由监护人监督作业全过程（包括人员组成、工具、劳保用品、器材是否符合要求），并对作业结果进行检查，指挥上电。

（2）监护人要认真负起责任，确保作业安全。否则在发生安全责任事故时要承担责任。

（3）监护人需有丰富的电器维修经验，经考核合格后方能上岗。

（4）在进行较复杂或较危险的作业时，监护人要按流程指挥操作，作业人在做完一个操作后要告知监护人。监护人要在作业流程单上做标记确认。

（5）操作人员必须佩戴必要的劳保用品，如绝缘手套、绝缘鞋等，其电压等级必须大于需要测量的最高电压。用前需检查其是否完好无损，确保安全。特殊情况下建议戴防护面罩。

（6）操作人员在组装、调试、检修高压部件时必须为两人以上并由监护人监督作业。

（7）操作人员进行作业时必须单手操作，原则上不允许带电操作。例如，保证所使用的测量仪表至少有一根表笔线上配备绝缘鳄鱼夹，测量时一只手把夹子夹到电路的一个端子，另一只表笔接到另一个端子测量读数。每次测量时只能用一只手握住表笔线或车的地线。

（8）操作人员在作业中，对所拆除的高低压系统电线要妥善处理，包好裸露的电线头，以防触电或酿成其他事故。

（9）更换高压回路器件，一定要按原车设计要求更换。

（10）在检修高压系统时，车辆必须处于"OFF"挡，直至检修完毕。使用万用表检测高压电路（例如高压电容及其回路），需确保无电。在操作时应当严格遵守电气作业操作规程及相应检测工具使用要求，以防高压系统内器件损坏而带电，造成触电事故。

（11）高压系统在调试或检修完毕后，需由监护人检查确定能否上电。该监护人要仔细检查电路是否符合要求，并且检查现场工作人员是否在安全距离以内，然后在专用检查单上签字确认，指挥通电。

（12）发生异常事故和火灾时，操作人员应立即切断高压回路，其他人员立即使用干粉灭火器及黄沙扑救，严禁用水剂灭火器。

四、实训步骤

（1）检查场地，实施高压安全防护，布设警示标牌。

（2）确保电源开关关闭，拔出点火钥匙，将钥匙妥善保管。

（3）从辅助蓄电池上断开负极端子电缆。

⚠ **注意**：断开电源之后，DTC 会被清除，因此断开电源之前必须检查 DTC。

（4）拆下检修塞（手动维修开关）。

⚠ **注意**：1）拆下检修塞后，不要操作电源开关，否则可能损坏混合动力汽车 ECU。

2）检修车辆时，应将拆下来的检修塞放到衣袋内，以防止其他人重新连接检修塞。

（5）放置车辆 5min。至少需要 5min 对变频器内的高压电容器进行放电。

（6）验证高压系统是否已经断电。

（7）用绝缘胶带包裹被断开的高压线路插接器。

（8）严防设备重新通电。

任务评价

任务评价如表 1-2 所示。

表 1-2　任务评价

考核项目	评分标准	分数	学生自评	小组互评	教师评价	小计
团队合作	是否和谐	5				
活动参与	是否积极主动	5				
安全生产	有无安全隐患	10				
现场 7S	是否做到	10				
任务方案	是否正确、合理	15				
操作过程	警示标牌的摆设； 高压安全防护； 高压断电与验电； 裸露高压线路包裹	30				
任务完成情况	是否圆满完成作业	5				
工具和设备使用	是否规范、标准	10				
劳动纪律	是否能严格遵守	5				
工单填写	是否完整、规范	5				
总分		100				
教师签字：	年　　月　　日				得分	

┃ 项目小结 ┃

本项目围绕混合动力汽车总体认识和高压安全等内容展开，主要介绍了混合动力汽车的种类及特点，串联式、并联式、混联式、插电式混合动力电动汽车的主要组成及工作过程；混合动力汽车高压操作个人及车间防护用具；混合动力汽车维修作业安全注意事项；混合动力汽车下电操作。通过系统学习，同学们应该从知识、能力、素养三个方面提升个人综合能力。

同步练习

一、填空题

1. 混合动力电动汽车的特点是（　　）与（　　）两种动力组合，通常把燃油发动机与电动机两种动力组合而成的混合动力电动汽车简称为（　　）。

2. 串联式混合动力电动汽车由（　　）带动发电机发电，电能通过（　　）输送给电动机，车辆行驶系统的驱动力来源于（　　），由电动机驱动车辆行驶。

3. 串联式混合动力电动汽车驱动系统主要有以下几种工况：（　　）、（　　）、（　　）、（　　）。

4. 并联式混合动力电动汽车驱动系统有以下几种运行模式：（　　）、（　　）、（　　）、（　　）和（　　）。

5. 混联式混合动力电动汽车驱动系统主要结构特点是通过（　　）实现了功率的分配，根据汽车的（　　）对发动机功率中用于直接驱动汽车的功率和用于发电的功率的比例进行分配。

6. 插电式混合动力电动汽车驱动汽车兼顾了纯电动汽车和混合动力汽车的优点，适合在局部地区或短距离上下班行驶，可以作为纯电动汽车使用，其动力电池可通过外接电源充电，相当于（　　）与（　　）的进一步混合体。

7. 对混合动力电动汽车实施检修操作前，需准备必要的防护用具，一般是绝缘安全用具，分为（　　）和（　　），用来确保工作时的安全性。

二、判断题

1. 使用绝缘手套时确保绝缘手套没有破损、破洞或裂纹。（　　）

2. 高压电路的线束和插接器都是橙色；HV蓄电池等的高压零部件都贴有"高压"警示，不要触碰到这些配线。（　　）

3. 不要携带任何类似卡尺或测量卷尺等金属物体，因为这些物体可能掉落而引起短路；拆下任何高压配线后，立刻用绝缘胶带将其绝缘。（　　）

4. 一定要按规定转矩将高压螺钉端子拧紧，转矩不足或过量都可能导致故障。（　　）

5. 完成对高压系统的操作后和重新安装检修塞前，应再次确认在工作平台周围没有遗留任何零部件或工具，并确认高压端子已拧紧、插接器已连接。（　　）

6. 在车体高电压或高温处均有警告标示，严格按标示要求操作。（　　）

7. 因线缆具有防水能力，洗车时可将高压水枪向线缆等部位喷射。（　　）

8. 使用指定的充电插座及充电线，切勿自行选择充电设备。（　　）

9. 车辆消防灭火时，禁止使用"水浇法"，要采用干粉灭火器。（　　）

10. 车辆维修时，不可车体湿润或带水操作。（　　）

11. 更换动力电池时，注意防酸碱，使用工业防碱手套，并佩戴防护目镜。（　　）

12. 车辆拆装时，可以同时拆卸正负极。（　　）

13. 禁止正负对接，避免正极或负极经人体对地。（　　）

14. 拆开的高压线接口要做绝缘处理。（　　）

15. 双人操作，一人监护，另一人操作。（　　）

三、简答题

1. 简述串联式混合动力电动汽车基本结构与工作过程。

2. 简述并联式混合动力电动汽车的运行模式。

3. 插电式混合动力电动汽车有何特点？

四、实训题

依据维修手册，正确实施高压断电。

学习目标

知识目标：（1）掌握曲柄连杆机构的结构、原理。

（2）掌握曲柄连杆机构的拆装及检修方法。

能力目标：（1）能正确识别混合动力汽车发动机曲柄连杆机构部件。

（2）能正确实施混合动力汽车断电流程。

（3）能按照维修手册实施曲柄连杆机构的拆装及检修。

素养目标：（1）养成认真负责的工作态度，具有良好的职业道德。

（2）养成安全生产意识，树立规范生产的意识。

（3）培养善于沟通的人际交往能力。

（4）具备一定的心理分析能力，能够做到换位思考。

（5）通过任务实施培养自身工匠精神。

知识框架

```
                                    ┌─────────────────────┐
                                    │  曲柄连杆机构认知      │
                                    └─────────────────────┘
┌──────────────────┐
│ 混合动力汽车发动机  │
│ 曲柄连杆机构检修    │
└──────────────────┘
                                    ┌─────────────────────┐
                                    │ 曲柄连杆机构拆装与检修 │
                                    └─────────────────────┘
```

建议学时

18个学时。

项目情境

　　一辆混合动力汽车被送到维修站进行维修，驾驶员反映该汽车经过发动机检修后，时常显示动力电池电量低于50％，伴随发动机动力不足、机油和燃油消耗增大、尾气排放超标等现象。经技术人员诊断后，确定该混合动力汽车发动机曲柄连杆机构存在故障。请你利用所学知识正确实施拆装与检修作业。

任务一　　曲柄连杆机构认知

案例导入

某 4S 店举行"汽车科普大讲堂"活动，客户李先生驾驶一辆混合动力汽车来到 4S 店，要对汽车进行保养，并表示对该车发动机曲柄连杆机构结构并不熟悉。请你依据所学知识，针对曲柄连杆机构基本结构为客户解答相关疑问。

知识介绍

目前混合动力汽车发动机多采用最新款发动机，如丰田卡罗拉混合动力汽车使用的是 8ZR－FXE 发动机，该发动机是直列 4 缸、1.8L、16 气门 DOHC 发动机，采用了高膨胀比的阿特金森循环、智能可变正时系统、直接点火系统和智能电子节气门控制系统。该发动机的特点是动力性好、静音性好，改善了燃油经济性，实现了更清洁的排放；此外，采用电动水泵，提高了暖机性能，并减少了冷却损失。

曲柄连杆机构将燃气作用在活塞顶上的压力转变为曲轴旋转运动对外输出的动力，它由机体组（固定部分）、活塞连杆组（运动部分）、曲轴飞轮组（旋转部分）三部分组成，如图 2－1 所示。

机体组

活塞连杆组

曲轴飞轮组

图 2－1　曲柄连杆机构的组成

一、机体组

机体组主要由气缸体、气缸盖、气门室盖、气缸垫和油底壳等不动件组成，是发动机各机构和系统的装配基体，如图 2－2 所示。

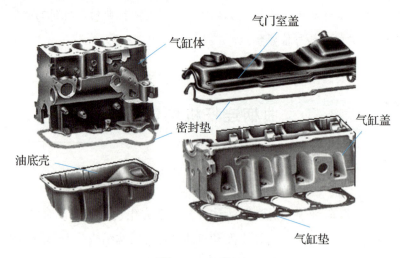

图 2-2　机体组

　　水冷发动机的气缸体和上曲轴箱常铸成一体，可称为气缸体-曲轴箱，也可简称为气缸体。气缸体上半部有一个或若干个为活塞在其中运动导向的圆柱形空腔，称为气缸。下半部为支承曲轴的曲轴箱，其内腔为曲轴运动的空间。机体是发动机各个机构和系统的装配基体，应具有足够的刚度和强度。

　　气缸体由灰铸铁或铝合金铸成，是发动机的基体和骨架，支承发动机的所有运动件和各种附件，如图 2-3 所示。其上部有气缸，即引导活塞做往复运动的圆柱形空腔，下部有曲轴支承孔，曲轴运动的空间称为曲轴箱。气缸体上端面与气缸盖接合，对气缸体形成密封，防止漏气。密封性对发动机的正常运转非常重要，由于气缸体上端面经常处于高温高压的工作环境中，非常容易磨损，所以在对发动机大修时，测量气缸体平面度非常重要。

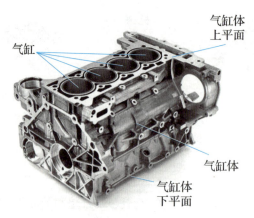

图 2-3　气缸体

二、活塞连杆组

活塞连杆组由活塞、活塞环、活塞销、连杆、连杆衬套、连杆轴承等组成，如图 2-4 所示。

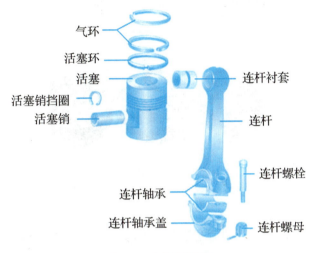

图 2-4　活塞连杆组

（一）活塞

活塞的主要作用是和缸盖、缸壁组成燃烧室，承受气缸中气体压力所造成的作用力，并将此力通过活塞销传给连杆，以推动曲轴旋转。活塞的基本构造有顶部、头部和裙部三部分，如图 2-5 所示。

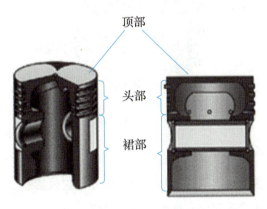

图 2-5　活塞的基本构造

（1）顶部。

活塞顶部承受气体压力，它是燃烧室的组成部分，其形状、位置、大小都和燃烧室的具体形式有关，都是为满足可燃混合气形成和燃烧的要求。活塞按其顶部形状可分为三大类，分别为平顶活塞、凸顶活塞和凹顶活塞，如图 2-6 所示。

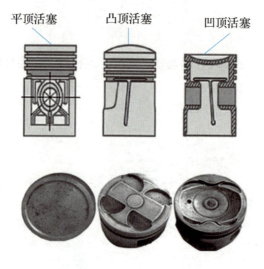

图2-6　活塞顶部

（2）头部。

活塞头部指第一道活塞环槽到活塞销孔以上部分。它有数道环槽，用来安装活塞环，起密封作用，又称为防漏部。汽油机一般有三道环槽，其中有两道气环槽和一道油环槽，在油环槽底面上钻有许多径向小孔，使被油环从气缸壁上刮下的机油经过这些小孔流回油底壳，如图2-7所示。

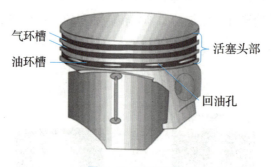

图2-7　活塞头部

（3）裙部。

活塞裙部指从油环槽下端起至活塞最下端的部分，它包括装活塞销的销座孔。活塞裙部对活塞在气缸内的往复运动起导向作用，并承受侧压力。为了使活塞在正常工作温度下与气缸壁保持比较均匀的间隙，以免在气缸内卡死或加大局部磨损，同时为了使裙部在工作时为正确的圆柱形，要把活塞裙部加工成椭圆形，椭圆的长轴方向与销座垂直，如图2-8所示。为了使工作时活塞裙部上下直径趋于相等，即为圆柱形，就必须把活塞裙部制成上小下大的阶梯形、锥形或桶形，如图2-9所示。

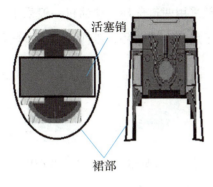

图 2-8　裙部椭圆

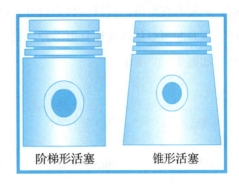

图 2-9　阶梯形、锥形裙部

为了减小活塞裙部的受热量，制造时在活塞裙部开横向隔热槽和纵向膨胀槽，可以补偿裙部受热后的变形量。槽的形状有"Ⅱ"形或"T"形，如图 2-10 所示。

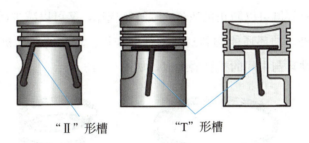

图 2-10　裙部槽形

（二）活塞环

活塞环是具有弹性的开口环，分为气环和油环，如图 2-11 所示。

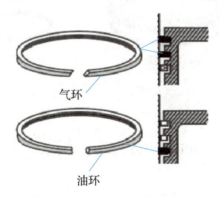

图 2-11　活塞环

（1）气环。

气环能保证气缸与活塞间的密封性，防止漏气，防止润滑油进入燃烧室，还能把活塞顶部吸收的大部分热量传给气缸壁，由冷却水带走。气环开有切口，给活塞环的膨胀预留空间，一般有直角口、斜口、梯形口等。汽油机一般采用两道气环，柴油机一般采用三道气环。不同断面形状的气环有很多种，最常见的有矩形环、扭曲环、锥面环、梯形环和桶面环，如图 2-12 所示。

| 矩形环 | 扭曲环 | 锥面环 | 梯形环 | 桶面环 |

图 2-12　不同断面形状的气环

（2）油环。

油环起布油和刮油的作用，下行时刮除气缸壁上多余的机油，上行时在气缸壁上铺涂一层均匀的油膜。这样既可以防止机油窜入气缸燃烧掉，又可以减少活塞、活塞环与气缸壁的摩擦阻力，此外，油环还能起到封气的辅助作用。现在的发动机大多采用组合式油环，由上下两片侧轨环与中间的扩张器组成，如图 2-13 所示。

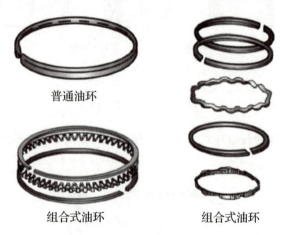

普通油环　　　组合式油环
组合式油环

图 2-13　油环

（三）活塞销

活塞销（见图 2-14）的功用是连接活塞与连杆小头，将活塞承受的气体作用力传给连杆。

活塞销与活塞销座孔及连杆衬套孔的连接配合有两种方式，即"全浮式"和"半浮式"，如图 2-15 所示。"全浮式"是指发动机工作时，活塞销、连杆小头和活塞销座都有相对运动，使磨损均匀。"半浮式"是指活塞销中部与连杆小头采用紧固螺栓连接，活塞销只能在两端销座内作自由摆动，而和连杆小头没有相对运动。

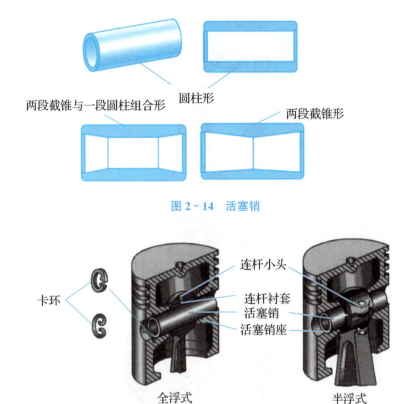

两段截锥与一段圆柱组合形　　圆柱形　　　　　　两段截锥形

图 2 - 14　活塞销

卡环　　　　　　　　　　　连杆小头
　　　　　　　　　　　　　连杆衬套
　　　　　　　　　　　　　活塞销
　　　　　　　　　　　　　活塞销座

全浮式　　　　　　　　　　　半浮式

图 2 - 15　活塞销的连接方式

（四）连杆与连杆轴承

（1）连杆。

连杆由小头、杆身和大头（包括连杆盖）三部分组成。连杆小头与活塞销相连，连杆大头与曲轴的曲柄销相连，除个别小型汽油机的连杆采用整体式大头以外，连杆大头一般做成剖分式的，被分开的部分称为连杆盖，连杆组件如图 2 - 16 所示。连杆的功用是将活塞承受的力传给曲轴，并使活塞的往复运动转变为曲轴的旋转运动。

（2）连杆轴承。

连杆轴承又称为连杆轴瓦，起到减小摩擦阻力和减轻曲轴连杆轴颈的磨损的作用。轴瓦分上、下两个半片，每个瓦片上制有定位凸缘，供安装时嵌入连杆大头和连杆盖的定位槽中，以防轴瓦前后移动或转动，有的轴瓦上还制有油孔，安装时应与连杆上相应的油孔对齐，如图 2 - 17 所示。

三、曲轴飞轮组

曲轴飞轮组主要由曲轴和飞轮等机件组成，如图 2 - 18 所示。其功用是承受连杆传来的力，并由此产生绕其本身轴线的力矩。在发动机工作过程中，曲轴受到旋转质量的

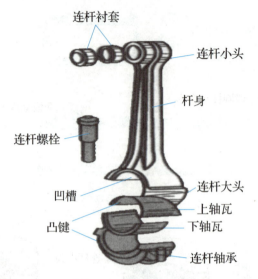

图 2 - 16　连杆组件

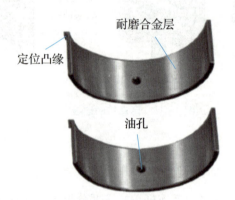

图 2 - 17　连杆轴承

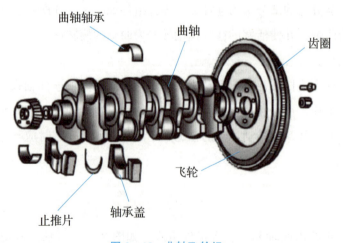

图 2 - 18　曲轴飞轮组

离心力、周期性变化的气体压力和往复惯性力的共同作用，使曲轴承受弯曲与扭转载荷。为了保证工作可靠，要求曲轴具有足够的刚度和强度，各工作表面要耐磨且润滑良好。

（一）曲轴

曲轴是发动机最重要的机件之一，如图 2-19 所示。它与连杆配合将作用在活塞上的气体压力变为旋转的动力，传给底盘的传动机构、配气机构和其他辅助装置，如风扇、水泵、发电机等。

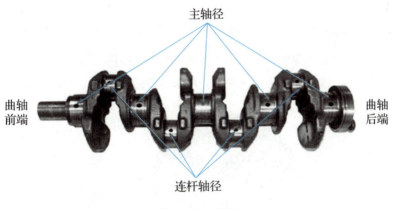

图 2-19　曲轴

（二）曲轴轴承及止推片

曲轴轴承用来承受曲轴运动时所产生的巨大载荷。曲轴轴承是发动机中的主要磨损零件，需要对其进行仔细的检查。止推片用来限制曲轴的轴向运动，储油槽能为止推面提供良好的润滑，如图 2-20 所示。

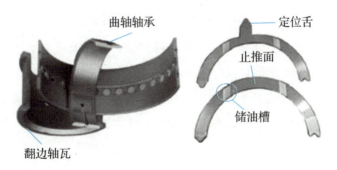

图 2-20　曲轴轴承及止推片

（三）曲轴后油封

曲轴后油封起到防止机体内的机油外溢的作用，同时也防止水（汽）与灰尘进入机体内。曲轴后油封主要用橡胶做成，安装在油封座上，通过油封座固定在机体上，如图 2-21 所示。

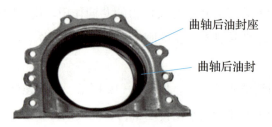

图 2-21 曲轴后油封

（四）飞轮

飞轮用来储存做功行程的能量，用于克服进气、压缩和排气行程的阻力和其他阻力，使曲轴能均匀地旋转。飞轮外缘压有的齿圈与起动电机的驱动齿轮啮合，供起动发动机用；汽车驱动装置如离合器、耦合器也装在飞轮上，用来对外传递动力。飞轮如图 2-22 所示。

图 2-22 飞轮

🚗 **汽车的故事**

中国汽车发展——6个千斤顶

1960 年，中国首辆重型卡车——黄河系列 JN150 在济南汽车制造总厂出厂，这家企业就是后来中国重汽的前身。

JN150 仿制斯柯达 706RT 重型卡车，职工们用两个月时间就完成了图纸绘制。当时，济南汽车工业起步晚，生产设备非常匮乏，没有大型冲压机床，车身大梁无法成型，这让汽车生产陷入困境。

工程技术人员从沈阳召开的经验交流会上找到了方法——可以用大的千斤顶来压大梁。于是厂里马上买了 6 个大型千斤顶，自制了一套压弯设备。

驾驶室的外壳是由老师傅比对着原型车一点一点地敲出形状，然后在背面覆盖上水泥，待水泥硬化后制成水泥模具而制成的。

据说样车刚上路时，从济南到青岛，前梁、弹簧都开断了，本来一天的路程，边修边走，竟然走了一个星期。一年两万多千米的路试，光故障就详细记录了几十个笔记本。

1963 年，黄河 JN150 通过鉴定验收并量产，并在这之后的很长时间里，一直是国内重型卡车的主力。

任务实施

一、实训器材

混合动力汽车整车、发动机实训台、维修手册、高压安全防护用具、专用警示标牌、绝缘工具、维修工具等。

二、实训准备

（1）做好安全防护工作，操作前明确操作方法规程。

（2）结合实训台，正确认识曲柄连杆机构。

（3）工具、量具选用正确，不得暴力操作。

（4）实施作业过程中要做到 7S。

三、实训步骤

（一）整车上认识发动机

（1）检查场地，实施高压安全防护，布设警示标牌。

（2）确保电源开关关闭，拔出点火钥匙，将钥匙妥善保管。

（3）从辅助蓄电池上断开负极端子电缆。

⚠ **注意**：断开电源之后，DTC 会被清除，因此断开电源之前必须检查 DTC。

（4）拆下检修塞（手动维修开关）。

⚠ **注意**：1）拆下检修塞后，不要操作电源开关，否则可能损坏混合动力汽车 ECU。

2）检修车辆时，应将拆下来的检修塞放到衣袋内，以防止其他人重新连接检修塞。

（5）放置车辆 5min。至少需要 5min 对变频器内的高压电容器进行放电。

（6）验证高压系统是否已经断电。

（7）用绝缘胶带包裹被断开的高压线路插接器。

（8）严防设备重新通电。

（二）实训台上认识发动机

（1）检查场地。

（2）正确识别机体组。

（3）正确识别活塞连杆组。

（4）正确识别曲轴飞轮组。

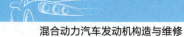 任务评价

任务评价如表 2 - 1 所示。

表 2 - 1　任务评价

考核项目	评分标准	分数	学生自评	小组互评	教师评价	小计
团队合作	是否和谐	5				
活动参与	是否积极主动	5				
安全生产	有无安全隐患	10				
现场 7S	是否做到	10				
任务方案	是否正确、合理	15				
操作过程	场地检查； 高压安全防护； 高压断电与验电； 裸露高压线路包裹； 曲柄连杆机构认知	30				
任务完成情况	是否圆满完成作业	5				
工具和设备使用	是否规范、标准	10				
劳动纪律	是否能严格遵守	5				
工单填写	是否完整、规范	5				
总分		100				
教师签字：　　　　年　　月　　日					得分	

任务二　曲柄连杆机构拆装与检修

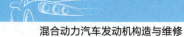 案例导入

　　小李是某新能源汽车 4S 店的维修工，一辆比亚迪混合动力汽车发动机工作异响，排放机油中发现金属合金层，经检查是主轴瓦磨损过度，需要检查曲轴并更换主轴瓦。

知识介绍

一、发动机传动附件拆卸

目前比亚迪秦混合动力汽车 BYD476ZQA－2 型发动机采用了废气涡轮增压、缸内直接喷射、液压挺柱、全铝机体、进气 VVT 等先进技术，具有升功率大、低油耗、低噪声、低污染、结构紧凑等特点。在各种工况下，发动机均可在最佳状态下工作，可以保证其配载的整车具有可靠的安全性、舒适的驾驶性、最佳的经济性和完美的环保性能。下面将以比亚迪秦混合动力汽车 BYD476ZQA－2 型发动机为例介绍发动机传动附件的拆装。

（1）拆卸驱动皮带。

驱动皮带用于驱动发动机相关附件，包括发电机、空调压缩机等，在张紧轮的作用下，驱动皮带保持一定的张紧力，从而防止出现打滑、异响、异常磨损等情况。

驱动皮带拆卸前后，需要对其外观和安装情况进行基本检查，以确定是否需要更换、调整，具体检查内容如下：

1）驱动皮带的外观检查。

目测，检查其外观，如果磨损严重或有明显裂纹，则应该更换驱动皮带。

2）驱动皮带安装情况检查。

如图 2－23 所示，如果有"错误"情况，则应该重新安装驱动皮带。

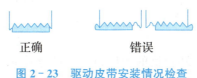

正确　　　　　　　　　错误

图 2－23　驱动皮带安装情况检查

拆卸驱动皮带时，首先需要解除驱动皮带的张紧力，具体方法是用工具拉着驱动皮带，使驱动皮带松弛，拆下驱动皮带。驱动皮带的拆卸如图 2－24 所示。

驱动皮带的安装以与拆卸相反的顺序进行，首先用专用工具卡着曲轴皮带轮，顺时针转动曲轴皮带轮，让驱动皮带保持松弛状态，将驱动皮带安装到位后，应检查皮带张紧度，一般用大拇指以 30～50N 的力按下皮带产生 10～15mm 的挠度为宜。

（2）拆卸曲轴皮带轮。

曲轴皮带轮用螺栓安装在曲轴前端，在拆卸该螺栓时曲轴会随之转动，原厂要求使用飞轮定位专用工具以定位飞轮，从而使曲轴相对固定，如图 2－25 所示，然后拧下曲轴皮带轮用螺栓，取下曲轴皮带轮。曲轴皮带轮拆下后应注意妥善存放，避免曲轴皮带轮及螺栓的压紧面接触油脂等杂物。

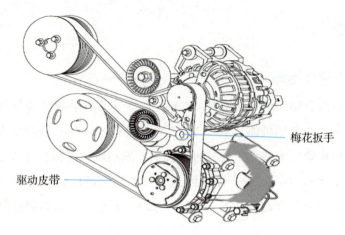

图 2−24　驱动皮带的拆卸

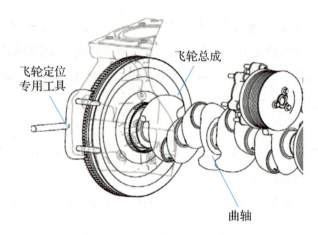

图 2−25　使曲轴相对固定

曲轴皮带轮的安装以与拆卸相反的顺序进行，拧紧曲轴皮带轮用螺栓，拧紧力矩为 150N・m，转角 180°。需要注意的是，曲轴皮带轮用螺栓要求一次性使用，在进行 180°转角过程中若监测到力矩大于 150N・m，则停止转动，转角可小于 180°。在拧紧曲轴皮带轮用螺栓前要保证螺栓部分涂抹少量润滑油，且曲轴皮带轮与连接套端面保持清洁，不能有任何油迹。

（3）拆卸发电机总成。

在对发电机总成进行拆卸时，首先拆下发电机的电气连接线束，用手轻轻托住发电机，拧下发电机固定螺栓即可取下发电机。发电机的安装以与拆卸相反的顺序进行。比亚迪秦的发电机上和正时罩上有定位孔和安装孔，将定位孔与安装孔对准，注意曲轴皮带轮朝向发动机前端，轻轻托住发电机，同时拧紧 2 个固定螺栓，根据原厂要求拧紧力矩为 24N・m。

（4）拆卸水泵总成和惰轮。

水泵皮带轮和惰轮的拆装比较简单，拆下相应的固定螺栓即可取下水泵皮带轮和惰轮。

　　水泵皮带轮拆下后可以拆卸水泵总成，水泵总成端面有 5 颗固定螺栓，如图 2-26 所示。拆下 5 颗固定螺栓即可取下水泵总成和垫片，安装以相反顺序进行。

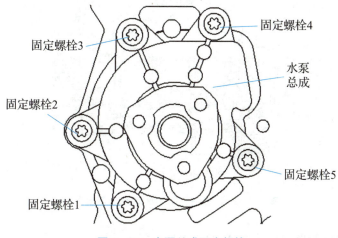

图 2-26　水泵总成固定螺栓

　　安装惰轮时对准正时罩上的安装孔拧紧惰轮螺栓即可。安装水泵皮带轮时应将皮带轮与水泵安装面贴合紧密，旋转对准安装孔，拧紧螺栓。根据原厂要求，水泵皮带轮和惰轮的拧紧力矩均为 24N·m。惰轮螺栓如图 2-27 所示。

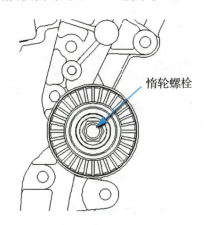

图 2-27　惰轮螺栓

　　（5）拆卸曲轴箱通风和燃油蒸发装置。

　　拆卸曲轴箱通风和燃油蒸发装置，如图 2-28 所示。

　　1）旋下固定螺栓，取下 PCV 通气管 1。

　　2）旋下 PCV 四通组件固定螺栓。

　　3）从进气歧管接口处拔下 PCV 通气管 2。

　　4）取下曲轴箱通风装置。

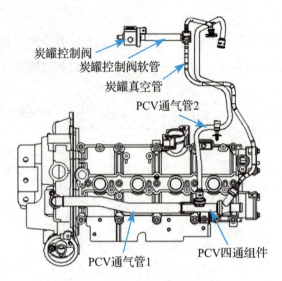

炭罐控制阀
炭罐控制阀软管
炭罐真空管
PCV通气管2

PCV通气管1
PCV四通组件

图 2-28　拆卸曲轴箱通风和燃油蒸发装置

5）将炭罐真空管路组件从 PCV 四通组件上拔下。

6）将炭罐真空管从进气歧管上拔下。

7）取下炭罐控制阀软管、炭罐控制阀。

（6）拆卸进气总管。

拆卸进气总管，如图 2-29 所示。

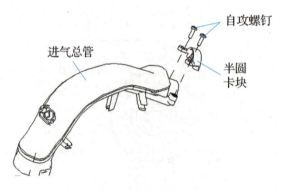

自攻螺钉
进气总管
半圆卡块

图 2-29　拆卸进气总管

1）旋下固定半圆卡块的自攻螺钉，取下半圆卡块。

2）小心地将进气总管从节气门卡座中松开，取下进气总管。

（7）拆卸节气门。

拆卸节气门，如图 2-30 所示。旋下 4 个节气门固定螺钉，取下节气门总成。

（8）拆卸进气歧管。

1）夹断卡箍，将中冷器进水软管从中冷器进水口处拔下。

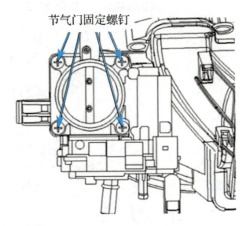

图 2 - 30 拆卸节气门

2）旋下进气歧管的 5 个固定螺栓，取下进气歧管。进气歧管及固定螺栓如图 2 - 31 所示。

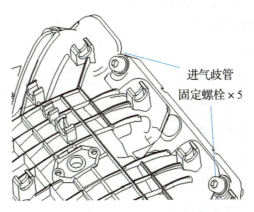

图 2 - 31 进气歧管及固定螺栓

（9）拆卸进油管组件。

1）旋下支架板固定螺栓。

2）旋下 2 个管接螺母，取下进油管组件。

⚠ 注意：进油管组件取下后必须放置在干净无尘的密封袋内，并立刻用干净的罩壳密封住高压油泵和高压油轨进油接头处接口。

（10）拆卸高压油轨。

1）缓慢均匀地旋下 5 个高压油轨安装螺栓。

2）双手托住高压油轨，沿着喷油器方向缓慢地取下高压油轨。

（11）拆卸增压器隔热罩。

拆卸增压器隔热罩，如图 2 - 32 所示。

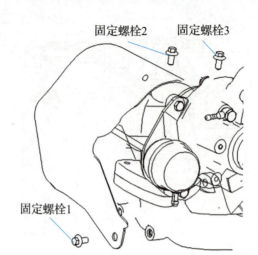

固定螺栓2　固定螺栓3

固定螺栓1

图 2 - 32　拆卸增压器隔热罩

1）旋下固定螺栓，取下增压器隔热罩。

2）旋下固定螺栓，取下排气歧管隔热罩。

（12）拆卸增压器出水管组件。

1）旋下支板固定螺栓。

2）旋下空心螺栓，取下管路合件。

⚠ **注意**：2 个垫片需更换。

（13）拆卸增压器进油管组件。

1）旋下支板固定螺栓。

2）旋下空心螺栓，取下管路组件。

⚠ **注意**：2 个垫片需更换。

（14）拆卸增压器进水管组件。

1）夹断增压器进水管连接增压器进水软管的卡箍。

2）旋下支板固定螺栓。

3）旋下空心螺栓，取下管路组件。

⚠ **注意**：2 个垫片需更换，取下的管路需放置在密封清洁的环境中，增压器各管路接口不能有杂质进入。

（15）拆卸增压器和增压器回油管组件。

拆卸增压器及增压器回油管组件，如图 2 - 33 所示。

1）旋下增压器回油管连接气缸体的 2 个螺栓。

2）旋下增压器连接排气歧管的 3 个螺母。

3）取下增压器和增压器回油管组件。

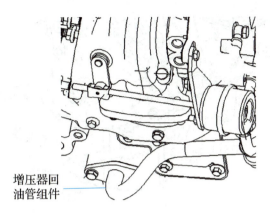

增压器回
油管组件

图 2 - 33 拆卸增压器及增压器回油管组件

（16）拆卸排气歧管。

拆卸排气歧管，如图 2 - 34 所示。

排气歧管固定螺栓×9

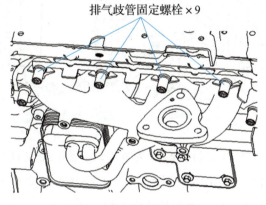

图 2 - 34 拆卸排气歧管

1）旋下 9 个排气歧管固定螺栓。

2）取下固定板Ⅰ、固定板Ⅱ。

3）用橡胶锤上下交替轻轻敲击排气歧管，直至排气歧管与气缸体完全分离，慢慢取下排气歧管。

（17）拆卸电动水泵进水管。

拆卸电动水泵进水管，如图 2 - 35 所示。拆下电动水泵进水管连接气缸体和油底壳的螺栓，取下电动水泵进水管。

二、曲柄连杆机构拆卸

（1）拆卸油底壳。

常见混合动力汽车发动机多采用冲压薄板结构油底壳，如图 2 - 36 所示。油底壳一般

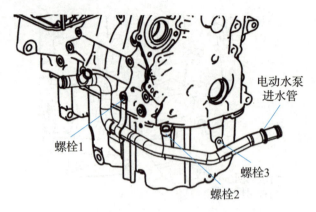

图2-35 拆卸电动水泵进水管

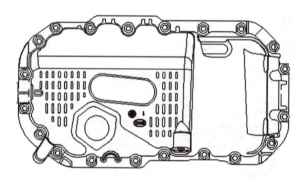

图2-36 常见混合动力汽车发动机油底壳

有15~25个固定螺栓进行固定，拆卸时应按照均匀受力、交叉进行的原则分次拆下，不要用尖锐旋具撬开接合面，应使用橡胶锤轻击使其分离，以防止接合面变形导致密封不良。用刮刀将油底壳与气缸体密封面上的残余密封胶清除干净，用刮刀将凸轮轴箱与气缸盖密封面上的残余密封胶清除干净，注意清除密封胶时不允许划伤密封面。

（2）拆卸气缸盖。

气缸盖承受着巨大的热负荷和机械负荷，其密封面易发生变形而影响密封性能。为防止拆装过程中造成气缸盖密封面变形，气缸盖的拆卸应在发动机常温下进行，以防止因材料膨胀系数不同或部件散热速度不同导致变形。另外，应按受力平均的原则进行拆卸。拆卸气缸盖螺栓顺序如图2-37所示。按顺序缓慢均匀地松开并旋下气缸盖螺栓，取下螺栓，取下气缸盖及气缸盖垫片。

（3）飞轮的拆卸与检查。

飞轮的损伤形式主要是齿圈的磨损或缺齿、飞轮端面的磨损变形，齿圈的磨损或缺齿主要是在起动过程中产生的。拆卸飞轮如图2-38所示，在拆卸过程中应按受力平均的原则进行拆卸。用飞轮定位专用工具使飞轮保持固定，均匀旋下6个飞轮固定螺栓，取下飞轮和离合器挡板。

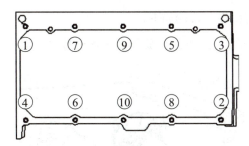

图 2-37　拆卸气缸盖螺栓顺序

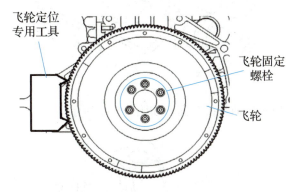

图 2-38　拆卸飞轮

（4）拆卸曲轴后油封组件。

拆卸曲轴后油封组件之前，要确保飞轮、油底壳已经取下。曲轴后油封组件及其拆卸如图 2-39 所示。在图 2-39 中，箭头所指的 3 个位置旋入 M6×35 螺栓，均匀拧紧，每次最多拧入 1/2 圈，将曲轴后端盖组件与传感轮一起压出。

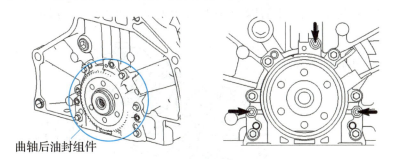

图 2-39　曲轴后油封组件及其拆卸

（5）检测连杆大头油膜间隙。

连杆大头油膜间隙的大小很大程度取决于连杆轴瓦的损耗程度。连杆轴瓦的损耗形式主要是磨损和疲劳剥落，磨损的特点是连杆轴瓦的上瓦片磨损大于下瓦片。连杆轴瓦在使用初期磨损快，中期磨损慢，后期磨损又加快，且后期轴瓦径向间隙变大，导致机油压力降低，可能破坏轴瓦的正常润滑。另外，间隙变大导致冲击载荷加大，会使轴瓦合金层与钢背分离，出现肉眼可见的疲劳剥落，甚至产生黏着咬死现象。对于连杆大头油膜间隙，多采用塑料线间隙规进行检查，步骤如下：

1）拆卸连杆盖，如图2-40所示。旋下2个连杆螺栓，取下连杆盖及连杆轴瓦。

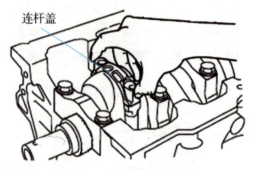

连杆盖

图2-40　拆卸连杆盖

2）仔细清洗连杆轴瓦与轴颈接合面，如图2-41所示。

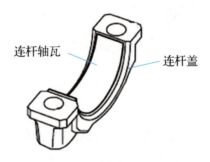

连杆轴瓦　　　连杆盖

图2-41　清洁连杆轴瓦与轴颈接合面

3）将塑料线间隙规放置到清洁好的连杆轴颈表面，如图2-42所示。

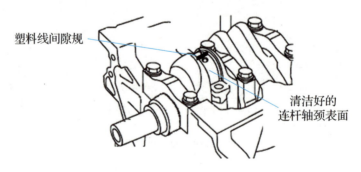

塑料线间隙规

清洁好的
连杆轴颈表面

图2-42　放置塑料线间隙规

4）在连杆螺栓螺纹及轴肩部位涂抹机油，然后盖上连杆盖，旋入螺栓，拧紧力矩为30N·m。

5）旋下2个连杆螺栓，取下连杆盖和连杆下轴瓦。

6）在塑料线间隙规最宽处测量油膜间隙，如图2-43所示。

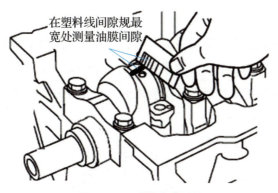

图 2-43　测量油膜间隙

标准油膜间隙值为 0.02～0.06mm，最大油膜间隙值为 0.09mm。

应该注意的是：测量油膜间隙时不能扭转曲轴，测量完毕后必须将塑料线间隙规完全清除。如果测量值比最大油膜间隙值大，则需要更换连杆轴瓦；如果更换后测量值仍然比最大油膜间隙值大，则需要更换曲轴。

7）用相同的方法测量其他 3 个连杆的油膜间隙。

（6）拆卸活塞连杆组。

活塞与气缸、活塞销与活塞销座孔的配合精度很高，制造时如果采用减小尺寸公差的方法来达到配合要求，必然会导致加工困难和废品率提高，增加制造和维修成本，因此活塞和气缸、活塞销和活塞销座孔的配合采取不完全互换的方式，在设计制造时采用较大的尺寸公差，然后再分成不同尺寸段，这样同一组的尺寸差别就较小，可以得到较高的配合精度，这就是组内选配法。另外，在使用过程中不同气缸之间也会出现磨损差异，因此在拆卸时应该注意不要损伤连杆上轴瓦表面，为防止错乱应将拆卸下来的连杆及连杆轴瓦装配好，将安装好的活塞连杆总成按照气缸顺序分别摆放，连杆与连杆盖只能成套地更换。具体拆卸方法如图 2-44 所示，旋下连杆螺栓，取下连杆盖；推动活塞连杆组及连杆上轴瓦，使其穿过气缸孔，从气缸体顶面取出；依次取出另外三缸的活塞连杆组。

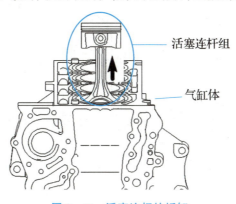

活塞连杆组

气缸体

图 2-44　活塞连杆的拆卸

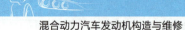

（7）测量曲轴轴向间隙。

用一字螺丝刀往前、后方向撬动曲轴，然后用塞尺测量曲轴轴向间隙，如图 2−45 所示。标准间隙值为 0.07～0.18mm，磨损极限为 0.38mm。如果测量值大于允许最大值，应更换止推片；如果更换止推片后，测量值依然大于允许最大间隙值，则更换曲轴。

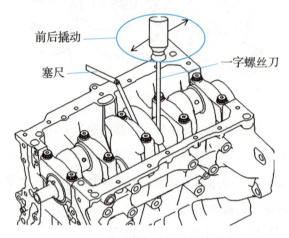

图 2−45　曲轴轴向间隙的测量

（8）测量主轴颈油膜间隙。

主轴颈油膜间隙同连杆大头油膜间隙一样，间隙大小很大程度取决于连杆轴瓦和主轴颈的损耗程度。主轴瓦的损耗形式主要是磨损和疲劳剥落，其与连杆轴瓦磨损位置正好相反，即下瓦片磨损大于上瓦片。在使用初期磨损快，中期磨损慢，后期磨损又加快，且后期轴瓦径向间隙变大，导致机油压力降低，可能破坏轴瓦的正常润滑。另外，由于间隙变大导致冲击载荷加大，会使轴瓦合金层与钢背分离，出现肉眼可见的疲劳剥落，甚至产生黏着咬死现象。对于主轴颈油膜间隙的检查，多采用塑料线间隙规，步骤如下：

1）按如图 2−46 所示顺序分 2～3 次将主轴承盖螺栓拧松，旋下 10 个主轴承盖螺栓，

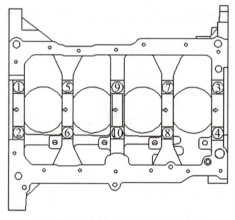

图 2−46　主轴承盖螺栓拧松顺序

取下 5 个主轴承盖；按原装顺序取下主轴承盖及主轴承盖螺栓并分开摆放。如果拆卸主轴承盖比较困难，可用橡胶锤轻轻前后敲打，使其松动，也可双手拿住螺栓，沿轴线前后摇动主轴承盖，使其松动后取下，如图 2-47 所示。

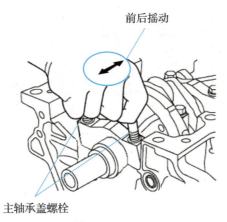

图 2-47　主轴承盖的取下方法

2）清洗主轴瓦内表面、主轴承盖、主轴颈及曲轴。

3）将一条塑料线间隙规放在曲轴主轴颈上，如图 2-48 所示。

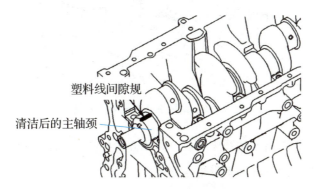

图 2-48　塑料线间隙规的放置

4）盖上主轴承盖，旋入螺栓，按图 2-49 所示顺序分 2～3 次拧紧，拧紧力矩为 50N·m。

5）旋下主轴承盖螺栓，取下主轴承盖和主轴瓦。

6）如图 2-50 所示，在塑料线间隙规最宽处测量油膜间隙，标准间隙值为 0.03～0.18mm，磨损极限为 0.20mm。

需要注意的是，在测量时不要转动曲轴，测量完毕后必须将主轴颈上的塑料线间隙规完全清除。如果测量值比允许的最大间隙要大，则需更换同一组的主轴瓦；如果更换主轴瓦后测量值仍然比允许的最大间隙大，则需更换曲轴。

（9）拆卸活塞环。

活塞环具有一定的弹力，拆卸时弹开量超过一定幅度极易发生折断，因此活塞环的拆

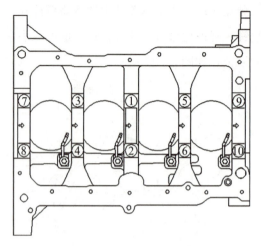

图 2－49　曲轴主轴承盖螺栓拧紧顺序

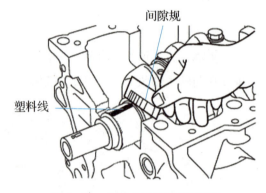

图 2－50　曲轴主轴承间隙的测量

卸应使用专用工具，拆下后要按顺序摆放。具体方法如图 2－51 所示，利用活塞环扩张器取下第一道气环、第二道气环和钢带组合油环。

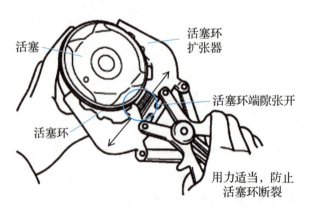

图 2－51　活塞环的拆卸

（10）拆卸活塞销。

混合动力汽车发动机活塞销采用全浮式结构，除标准尺寸外，通常还有加大修理尺寸，拆卸步骤如下：

1）利用工具从缺口处拆下一侧的钢丝挡圈，如图 2-52 所示。

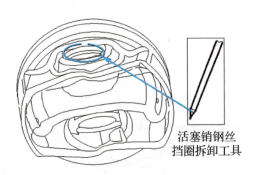

活塞销钢丝挡圈拆卸工具

图 2-52　活塞销的拆卸

2）从另一侧小心地将活塞销推出。

需要注意拆卸下的活塞、活塞环、活塞销、连杆、连杆轴瓦要按照各缸顺序摆放，防止人为造成零件错乱，破坏原有配合关系。

三、曲柄连杆机构检修

（1）清洁气缸体。

气缸体是发动机装配的基体，其各接合面的平面度决定了发动机的密封性，因此在对其检查之前首先应做好清洁工作，以保证检查的准确性，具体方法是用一块油石或者类似的工具，清洗气缸体上与正时罩、气缸盖、油底壳、回油孔盖板的接合面，如图 2-53 所示。操作过程中应注意必须佩戴防护眼镜，不可划伤气缸体表面，不要让任何杂质掉入气缸体水套中。

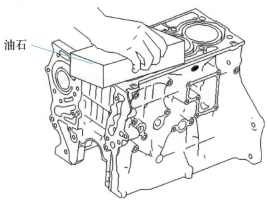

油石

图 2-53　气缸体的清洁

（2）检查气缸体表面平面度。

气缸体变形会导致密封性下降，造成漏气、漏水，甚至冲坏气缸垫。气缸体变形的原因是多方面的，其中有制造方面的原因，也有使用、拆装、修理方面的原因，如拧紧力矩不当，拆卸顺序错误，螺纹孔中的水、油、污染物清理不干净，螺栓拧紧力矩不当或扭力不均等。气缸体表面平面度检查如图 2-54 所示。

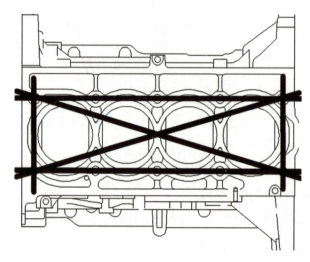

图 2-54 气缸体表面平面度检查

用直尺规或刀口尺配合塞尺检查气缸体上表面的平面度，平面度最大值为 0.05mm，维修极限为 0.10mm。如果测量值大于此数值，则更换气缸体。

（3）清洁活塞。

为了方便对活塞进行检查，应对活塞的表面进行清洁，清除其上的灰尘和油脂，从而保证下一步检查的准确性。另外还要对其环槽部的积炭进行清洁，在发动机运行过程中，环槽部的积炭会导致活塞环失去弹性变形功能，因而失去密封、布油、刮油等作用，严重的会导致活塞环卡死在气缸内，造成发动机缸壁划伤，甚至活塞顶部断裂等严重机械事故。活塞环槽部积炭的清洁方法如图 2-55 所示。

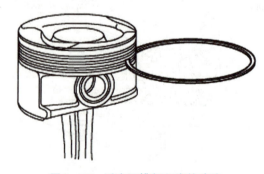

图 2-55 活塞环槽部积炭的清洁

1）用一个使用过的活塞环或者类似的工具，清理活塞上的积炭。

2）用专用溶剂将活塞上的积炭清除。

由于积炭是在发动机内高温条件下形成的，环槽部的积炭大多属于硬质积炭，清洁时容易发生崩裂，因此需要注意操作时必须佩戴防护眼镜，并且不要划伤活塞表面。

（4）检测活塞外径。

活塞常因环槽、裙部、活塞销座孔等处磨损而报废，也有少数因刮伤、烧顶、脱顶等异常损坏而报废。活塞在气缸中高速运动，其外径会随之磨损，活塞外径磨损过度会导致气缸密封不良、烧机油等故障，因此检查活塞的重要项目是用外径千分尺测量活塞的外径，在垂直于活塞销孔、离活塞底部 10mm 的位置测量，如图 2-56 所示。标准尺寸为 76.44mm，允许最小尺寸为 76.40mm。如果测量值小于允许最小尺寸，则更换活塞。

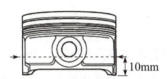

图 2-56　活塞外径测量位置

（5）检测活塞环侧隙。

活塞环侧隙的检查如图 2-57 所示。把一个新的活塞环塞入活塞环槽中，用塞尺检查活塞环槽的间隙。标准间隙为第一道气环：0.065~0.095mm；第二道气环：0.03~0.07mm。磨损极限为 0.15mm，如果测量的间隙大于磨损极限，则更换活塞。

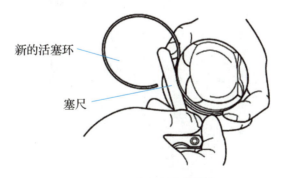

图 2-57　活塞环侧隙的检查

（6）检测活塞环端隙。

1）用活塞把一个活塞环推入气缸 45mm，然后把活塞取出。将活塞环正确推入气缸的方法如图 2-58 所示。

2）用塞尺测量活塞环开口间隙，如图 2-59 所示。

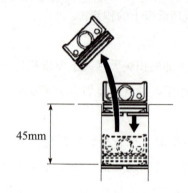

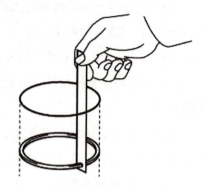

图 2-58　活塞环推入气缸　　　　图 2-59　用塞尺测量活塞环开口间隙

3）技术要求：第一道气环 0.15～0.40mm，第二道气环 0.40～0.60mm。

如果测量值大于磨损极限 1.0mm，则更换活塞环；如果更换活塞环后测量值仍然大于磨损极限，则更换气缸体。

（7）检查曲轴。

因曲轴工作时受力复杂，配合较多且润滑困难，因此常出现磨损、裂纹等问题，在检查时首先进行外观检查，检查有无明显裂纹和磨损，之后使用外径千分尺测量各轴径以精确掌握磨损量。

1）主轴颈直径的测量如图 2-60 所示，用外径千分尺测量每个主轴颈的直径。测量时应错开油孔位置，在轴径不同位置的 A、B 两个方向分别测量。标准尺寸为 53.963～53.978mm，如果测量值不在该范围内，则需检查曲轴的油膜间隙。

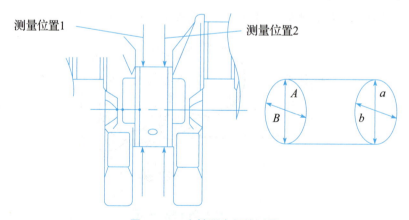

图 2-60　主轴颈直径的测量

2）连杆轴颈直径的测量如图 2-61 所示，用外径千分尺测量每个连杆轴颈的直径。标准尺寸为 47.763～47.778mm，如果测量值不在此范围中，则需检查连杆的油膜间隙。

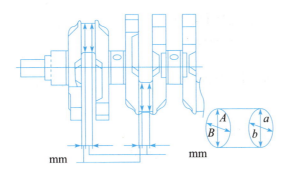

图 2-61　连杆轴颈直径的测量

3）测量曲轴止推片的厚度，如图 2-62 所示。用外径千分尺测量曲轴止推片的厚度，标准厚度为 2.475～2.500mm，如果测量值不在此范围内，则更换曲轴止推片。

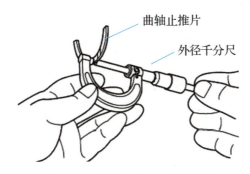

图 2-62　测量曲轴止推片的厚度

四、曲柄连杆机构的安装

曲柄连杆机构安装之前应确保所有零部件修复、检验合格，安装前应把所有零部件在清洁的环境中摆放整齐，清洗干净并用压缩空气吹干，为避免在安装过程中污染零部件，应徒手安装，不戴容易掉毛、沾染油污的手套。

（1）安装活塞环。

应使用专用工具安装活塞环，安装时注意各道环的顺序和上下朝向不得错乱。例如比亚迪秦混合动力 BYD476ZQA-2 型发动机第一道气环与第二道气环横截面不同，在气环一侧靠近开口间隙处有向上的标记，如图 2-63 所示。

在安装过程中，应先安装油环，再安装第二道和第一道气环，注意区分第一道和第二道气环的横截面，必须让气环的标记朝向活塞顶部，按照图 2-64 所示位置调整活塞环的开口方向。

（2）安装回油孔盖板。

以国内常见的比亚迪秦混合动力汽车发动机为例，其回油孔用回油孔盖板密封。为保证其良好的密封性，安装前分别清理回油孔盖板和气缸体密封面，在图 2-65 所示螺栓孔内侧

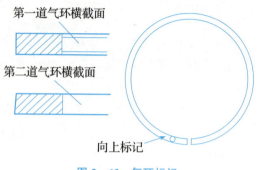

图 2-63 气环标记

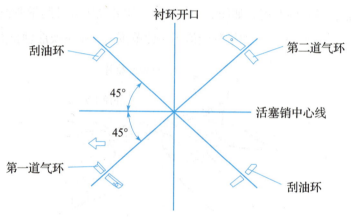

图 2-64 活塞环的开口方向

粗线位置涂敷平面密封胶，不得有断点，以防螺栓孔渗油，涂抹直径为 Φ2.5~Φ3.5mm。涂平面密封胶后，如果 5min 内未安装，则不得安装。正确的做法是清除旧的残留物，重新涂抹平面密封胶。最后交叉拧紧 6 个螺栓，拧紧力矩为 10N·m。

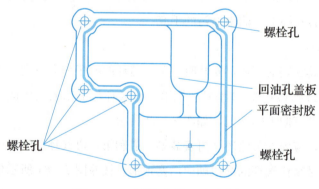

图 2-65 安装气缸体回油孔盖板

（3）安装主轴瓦。

1）将下主轴瓦安装到主轴承盖上时，应注意主轴瓦必须按组选配，安装前用绸布擦干净主轴瓦的安装面，在主轴瓦的背面和主轴承盖的安装面上不允许涂抹机油，将主轴瓦上的定位唇对齐主轴承盖上的锁定缺口，如图 2－66 所示。

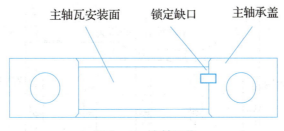

图 2－66　主轴承盖

2）同理，将上主轴瓦安装到主轴承座上时，应首先用绸布擦干净上主轴瓦的安装面，在上主轴瓦的背面和主轴承座的安装面上不允许涂抹机油，将上主轴瓦上的定位唇对齐主轴承座上的锁定缺口，上主轴瓦油孔对齐主轴承座油孔，如图 2－67 所示。

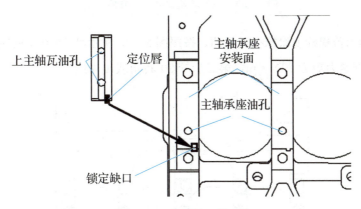

图 2－67　上主轴瓦的安装

（4）安装曲轴。

1）将机油涂抹在上主轴瓦的内表面上，然后装上曲轴，将两片止推片滑入第三道主轴承座上，止推片上的油槽朝向外侧，如图 2－68 所示。

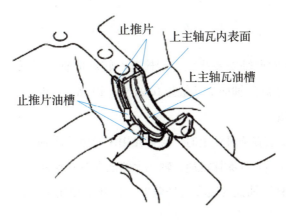

图 2－68　上主轴瓦与止推片

2）在下主轴瓦上涂抹机油，将主轴承盖上的箭头指向发动机前端，按照1～5数字顺序标识安装主轴承盖，如图2‑69所示。

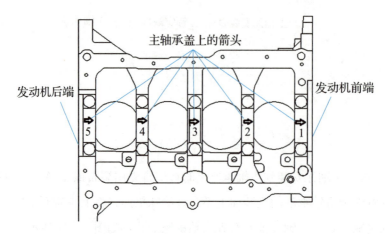

图 2‑69　主轴承盖安装数字顺序标识

3）在主轴承盖螺栓上涂抹少量机油，按照图2‑70所示从10到1的顺序分两步拧紧螺栓，第一步拧紧力矩为20N·m，第二步拧90°转角或1/4圈。

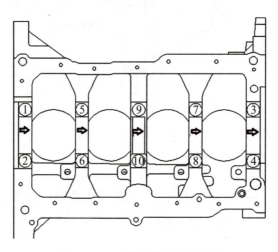

图 2‑70　主轴承盖螺栓的紧固

4）安装完毕后应对曲轴安装状况进行检查，转动曲轴应灵活无卡滞，其力矩不大于6N·m，曲轴装配完毕后的轴向窜动量为0.04～0.19mm，如图2‑71所示。

（5）安装连杆轴瓦。

在将连杆上轴瓦安装在连杆体上时，应首先用绸布擦干净轴瓦的安装面，注意轴瓦的背面和连杆体上的安装面不允许涂抹机油，轴瓦上的油孔对齐连杆体上的油孔，如图2‑72所示。同样的标准将连杆下轴瓦安装在连杆盖上，连杆下轴瓦无油孔，没有对齐要求。

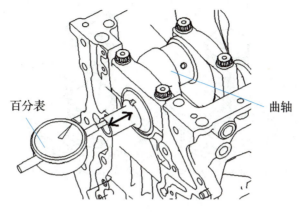

图 2-71 曲轴装复后检查

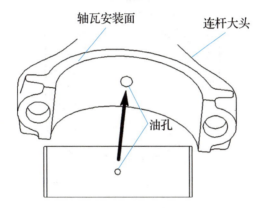

图 2-72 安装连杆轴瓦

（6）安装连杆。

在安装连杆之前应确认活塞环安装正确，保证其开口方向正确，如前所述，其布置原则是各道环的开口不要布置在与活塞销中心线呈 45°的圆心角范围内。因活塞销两端这一范围内的裙部圆柱面下凹，储存机油较多，活塞上下往复运动时机油容易从活塞环开口处向上窜入燃烧室。第一道环的开口应布置在做功冲程侧压力较小的右侧，并且尽可能远离燃烧中心，以防高温冲刷导致开口弹力减弱。

确认活塞环安装正确后要对活塞连杆进行安装前的预润滑，在环槽部、活塞销及座孔、连杆上轴瓦表面等位置涂抹干净的机油，以确保发动机的润滑效果良好。

使用活塞环压紧器将活塞连杆总成小心地装入气缸体内，注意活塞顶面排气侧的箭头标记指向发动机前端，即曲轴皮带轮一端，如图 2-73 所示。

在连杆下轴瓦上涂抹机油，将车辆标识朝向发动机前端，安装连杆盖。车辆标识朝向记号（此处为"BYD"）如图 2-74 所示。

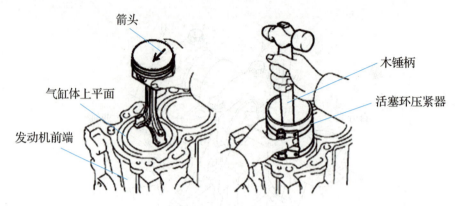

箭头

木锤柄

气缸体上平面

活塞环压紧器

发动机前端

图 2-73 连杆的装配

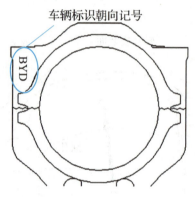

车辆标识朝向记号

BYD

图 2-74 连杆盖车辆标识朝向记号

在安装螺栓之前应检查确认连杆体和连杆盖完全贴合，连杆螺栓螺纹无损伤，确认 4 个连杆为同一个质量组，连杆组重量分组标记如图 2-75 所示。

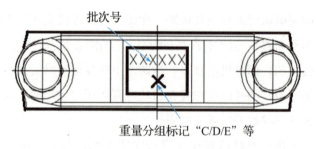

批次号

X X X X X X

X

重量分组标记 "C/D/E" 等

图 2-75 连杆组重量分组标记

做好以上工作后，应对待安装的连杆螺栓进行检查，确保螺栓压紧面清洁无杂质。在连杆螺栓螺纹及螺栓压紧面上涂抹少量机油，如图 2-76 所示。

应分 2~3 步交替拧紧连杆螺栓，拧紧力矩为 30N·m。沿着发动机前端方向，用记号笔在连杆螺栓上画上标记，顺时针旋转连杆螺栓 90°，重新拧紧连杆螺栓，如图 2-77 所示。安装完毕后，转动曲轴应灵活，其力矩不大于 10N·m。

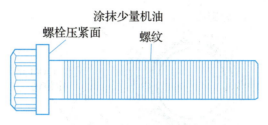

图 2-76 涂抹少量机油

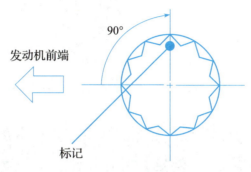

图 2-77 连杆螺栓的紧固

（7）安装曲轴后油封。

1）如图 2-78 所示，将气缸体螺塞组件从气缸体上旋下，旋入曲轴定位工具，将曲轴固定在 1、4 缸上止点，定位工具拧紧力矩为 30N·m。

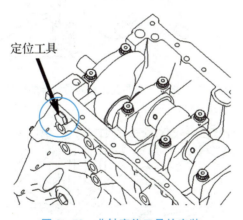

图 2-78 曲轴定位工具的安装

2）将定位工具上的定位销放入信号轮销孔中，如图 2-79 所示。

3）将定位工具与曲轴后油封组件用 3 个 M6×20 螺栓固定，如图 2-80 中的箭头所示，拧紧力矩为 3N·m，并检查定位工具与曲轴后油封组件是否贴紧。

4）如图 2-81 所示，将定位销插进曲轴后端螺纹孔内进行定位，拧紧 2 个内六角螺栓 A，把定位工具与曲轴后油封组件固定到曲轴上，拧紧力矩为 15N·m。然后小心地旋转螺母 B 到位，取下定位工具。

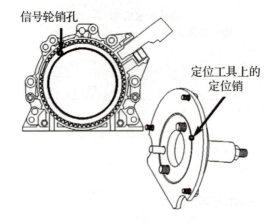

信号轮销孔

定位工具上的
定位销

图 2 - 79　将定位工具上的定位销放入信号轮销孔中

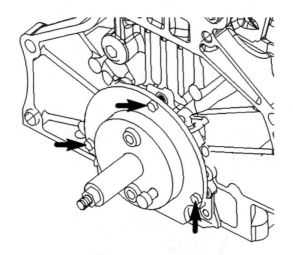

图 2 - 80　定位工具与曲轴后油封组件的固定

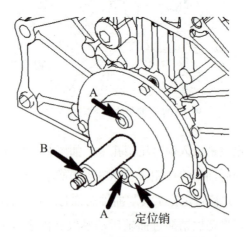

A

B

A　定位销

图 2 - 81　曲轴后油封的压紧

按照图 2-82 所示顺序均匀拧紧曲轴后端盖组件固定螺栓，拧紧力矩为 10N·m。

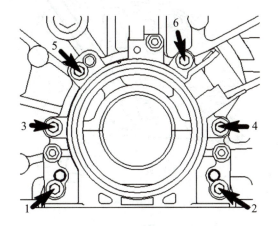

图 2-82　曲轴后油封组件螺栓拧紧顺序

需要注意曲轴后油封安装完毕后，应检查曲轴转速信号轮定位尺寸是否符合要求，标准尺寸为 0.3～0.7mm，如图 2-83 所示。

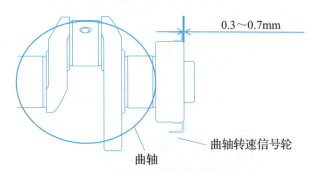

曲轴转速信号轮

曲轴

图 2-83　曲轴转速信号轮定位尺寸的检查

安装曲轴后油封前需用绸布擦干净曲轴安装面，禁止涂抹任何油脂，在安装之前不可将油封支承环提前拆除（油封支承环是油封运储和装配过程中对油封唇口的保护工装，提前去掉会造成唇口受损）。

（8）安装气缸垫。

安装气缸垫之前，首先确保气缸垫表面、气缸体与气缸盖配合面应保持清洁，无油脂等异物存在。气缸垫上有定位套，先将 2 个定位套用铜锤垂直地敲入气缸体顶面座孔内，如图 2-84 所示，将气缸垫安装在气缸体顶面上，气缸垫上的定位孔要与定位套对准，较宽的一端朝向曲轴前端，此时气缸体的油孔、水孔要与气缸盖垫片上的油孔、水孔对齐。

（9）安装气缸盖。

如图 2-85 所示，先将气缸垫进行预安装，轻轻地将气缸盖定位孔对准定位套孔，将气缸盖缓慢地落到气缸垫上，落位时要轻轻地放下，不要损伤气缸垫；将气缸盖螺栓垫片

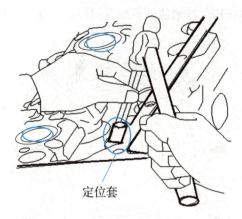

图 2-84　定位套的安装

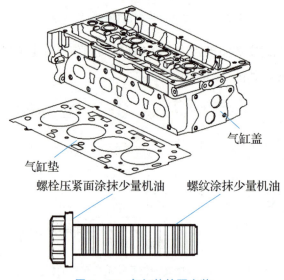

气缸盖

气缸垫

螺栓压紧面涂抹少量机油　　　螺纹涂抹少量机油

图 2-85　气缸垫的预安装

套装在气缸盖螺栓上，确保气缸盖螺栓螺纹表面无污垢异物；在气缸盖螺栓压紧面和螺纹上涂抹适量机油。

按照图 2-86 所示顺序分两步拧紧气缸盖螺栓，第一步拧紧力矩为 20N·m，第二步拧紧力矩为 70N·m，沿着发动机前端方向，用记号笔在气缸盖螺栓上画上标记，顺时针旋转气缸盖螺栓 90°，拧紧螺栓。

（10）安装油底壳。

安装油底壳前，首先清除气缸体底面和油底壳安装面的密封胶并保证清洁无杂质，在油底壳接合面螺栓孔内侧涂敷平面密封胶，胶量直径为 $\Phi2.5\sim\Phi3.5mm$，不得有断点，如图 2-87 所示。保证油底壳后端面与缸体后端面对齐，将油底壳安装到位，按照交叉法分次均匀拧紧螺栓，拧紧放油螺塞，拧紧力矩为 25N·m。安装前需检查放油螺塞的橡胶密封垫，需完整、光滑。

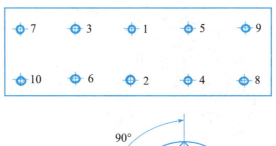

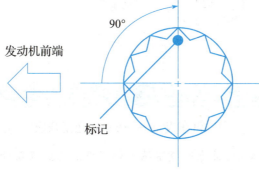

图 2-86　气缸盖螺栓的紧固

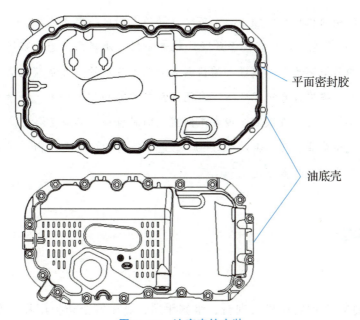

图 2-87　油底壳的安装

（11）安装飞轮。

飞轮表面应干净，不允许有油污等存在。将飞轮贴到曲轴安装面上，小心地旋转至正确的空位，手动旋入飞轮螺栓 2～3 扣，按交叉法分次均匀拧紧飞轮螺栓，拧紧力矩为 60N·m，转角为 90°，如图 2-88 所示。

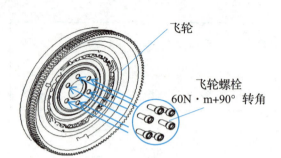

飞轮

飞轮螺栓
60N·m+90° 转角

图 2-88　飞轮的安装

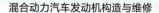 汽车的故事

中国汽车发展——5 000 毫克杂质

1984 年，65 岁的德国退休专家威尔纳·格里希成为武汉柴油机厂的厂长。严格来说，武汉柴油机厂那时被归为农机企业。这个厂当时的情况反映了汽车生产中普遍存在的质量问题。

当时，武汉柴油机厂年亏损 400 多万元，铸造车间废品率高达 30%～40%。柴油机主体脏物有 5 000 多毫克，这直接导致柴油机寿命短、油耗高，毫无市场竞争力。格里希还发现厂里的质检环节形同虚设，质检科长竟然不会用量具作精准测量。

上任四天后，格里希开除了从不下车间的总工程师和质检科长，并亲自管理质检环节，每天带着游标卡尺、吸铁石穿梭在车间里，随时抽查产品质量和生产环境。

两年后，武柴柴油机气缸杂质从 5 600 毫克下降到 100 毫克以内，产品的使用寿命提高一倍，企业盈利 600 多万元。

任务实施

一、实训器材

BYD476ZQA-2 型发动机实训台、维修手册、高压安全防护用具、专用警示标牌、绝缘工具、世达工具、塞尺、平口螺丝刀、塑料线间隙规、扭力扳手、外径千分尺、吸油纸等。

二、实训准备

（1）做好安全防护工作，操作前明确操作方法规程。

（2）结合实训台，正确进行曲轴轴向间隙、径向间隙的测量。

（3）工具、量具选用正确，不得暴力操作。

（4）实施作业过程中要做到7S。

三、实训步骤

（一）曲轴轴向间隙的测量

（1）记录发动机号码。

（2）准备工具；确认台架安装牢固。

（3）调整曲轴箱朝上。

（4）检查曲轴转动灵活性。

（5）测量曲轴轴向间隙。

（二）1～5道主轴承盖径向间隙的测量

（1）准备拆装工具。

（2）调整曲轴位置。

（3）识别、核对曲轴主轴承盖。

（4）清洁主轴承盖。

（5）拆1～5道主轴承盖。

（6）取出主轴承盖、曲轴。

（7）使用吸油纸清除零件表面机油。

（8）将曲轴放入发动机气缸体轴承孔中。

（9）布置塑料线间隙规。

（10）安装曲轴轴承盖。

（11）紧固轴承盖。

（12）取出主轴承盖、曲轴。

（13）测量曲轴主轴承盖径向间隙。

（三）曲轴的安装

（1）从缸体上拆下上轴瓦。

（2）清洁曲轴主轴颈、轴承盖及螺栓。

（3）检查零件。

（4）缸体上轴承孔、轴瓦背部、轴承盖内表面除油。

（5）轴承及轴颈涂抹机油。

（6）安装曲轴轴承盖及螺栓。

（7）拧紧轴承螺栓。

（8）转动曲轴360°。

（9）调整缸体上平面朝上。

（10）安装恢复。

（11）检查场地。

 任务评价

任务评价如表2-2所示。

表2-2 任务评价

考核项目	评分标准	分数	学生自评	小组互评	教师评价	小计
团队合作	是否和谐	5				
活动参与	是否积极主动	5				
安全生产	有无安全隐患	10				
现场7S	是否做到	10				
任务方案	是否正确、合理	15				
操作过程	熟练地查阅维修资料；工艺步骤合理，方法正确，作业项目齐全，检查测量方法正确；根据测量结果进行分析，作出零件好坏的判断	30				
任务完成情况	是否圆满完成作业	5				
工具和设备使用	工具、量具选择正确，摆放整齐，安全规范使用	10				
劳动纪律	是否能严格遵守	5				
工单填写	是否完整、规范	5				
总分		100				
教师签字：	年　　月　　日				得分	

项目小结

本项目围绕混合动力汽车发动机曲柄连杆机构展开，主要介绍了曲柄连杆机构功用和组成，应掌握机体组、活塞连杆组、曲轴飞轮组等主要部件的构造和装配连接关系；以BYD476ZQA-2型发动机为例详细介绍了曲柄连杆机构的拆装与检修，应掌握主要部件的检查维修、装配调整方法。通过系统的学习，同学们应该从知识、能力、素养三个方面提升个人综合能力。

同步练习

一、填空题

1. 曲柄连杆机构主要由机体组、活塞连杆组、曲轴飞轮组组成。活塞连杆组由（　　）、（　　）、（　　）、（　　）、（　　）、（　　）等组成。

2. 活塞环包括（　　）、（　　）两种。

3. 连杆大头油膜间隙的大小很大程度上取决于连杆轴瓦的（　　），连杆轴瓦的损耗形式主要是（　　）和（　　），其磨损特点是连杆轴瓦的上瓦片磨损大于下瓦片，连杆轴瓦在使用初期磨损快，中期磨损慢，后期磨损又加快，且后期轴瓦径向间隙变大，导致机油压力（　　），可能破坏轴瓦的正常润滑。另外，间隙变大导致冲击载荷加大，会使轴瓦合金层与钢背分离，出现肉眼可见的（　　），甚至产生（　　）现象。

4. 气缸体变形的原因是多方面的，其中有（　　）方面的原因，也有（　　）、（　　）、（　　）等方面的原因。

5. 连杆由（　　）、（　　）和（　　）三部分组成。

6. 活塞的基本构造有（　　）、（　　）、（　　）三部分。

7. 活塞常因（　　）、（　　）、（　　）等处磨损而报废，也有少数因（　　）、（　　）、（　　）等异常损坏而报废。

8. 因曲轴工作时受力复杂，配合较多且润滑困难，因此常出现（　　）、（　　）等问题。在检查时首先进行（　　）的检查，检查有无明显（　　），之后使用（　　）测量各轴径以精确掌握磨损量。

二、选择题

1. 为了保证活塞能正常工作，冷态下常将其沿径向做成（　　）的椭圆形。

A. 长轴在活塞销方向   B. 长轴垂直于活塞销方向

C. A、B均可   D. A、B均不可

2. 以下不属于机体组的是（　　）。

A. 气缸体   B. 气缸盖

C. 气缸垫   D. 活塞

3. 气缸体变形的原因主要有（　　）。

A. 制造方面   B. 使用方面

C. 拆装、修理方面   D. 以上全对

4. 下列说法正确的是（　　）。

A. 活塞顶的标记用来表示发动机功率

B. 活塞顶的标记用来表示发动机转速

C. 活塞顶的标记可以用来表示活塞及活塞销的安装和选配要求

D. 活塞顶的标记用来表示连杆螺钉拧紧力矩

5. 下列说法正确的是（　　　）。

A. 活塞裙部对活塞在气缸内的往复运动可以起导向作用

B. 活塞裙部在做功时起密封作用

C. 活塞裙部在做功时起承受气体侧压力的作用

D. 活塞裙部安装有 2～3 道活塞环

6. 活塞气环的主要作用是（　　　）；油环的主要作用是（　　　）。

A. 密封　　　　　　　B. 布油　　　　　　　C. 导热　　　　　　　D. 刮油

7. 活塞气环开有切口，具有弹性，在自由状态下其外径与气缸直径（　　　）。

A. 相等　　　　　　B. 小于气缸直径　　　C. 大于气缸直径　　　D. 不能确定

三、简答题

1. 什么是全浮式活塞销？

2. 什么是活塞头部？

3. 什么是活塞裙部？

四、实训题

测量曲轴轴向间隙、径向间隙。

项目三

混合动力汽车发动机配气机构检修

3

学习目标

知识目标：（1）熟悉配气机构的功用、类型、组成和工作原理。

（2）熟悉发动机的换气过程及配气相位。

（3）掌握气门组件的类型、结构与工作原理。

（4）掌握气门传动组件的类型、结构与工作原理。

能力目标：（1）能够完成正时链条或皮带的更换。

（2）能够完成凸轮轴的拆卸和安装。

（3）能够完成液压挺柱的更换、磨损程度的检查。

（4）能够完成气门的拆卸和安装、气门油封的更换。

（5）能够完成气门及燃烧室积炭的清洗。

（6）能够完成气门研磨及气门密封性的检测。

（7）能够诊断并排除配气机构的机械故障。

素养目标：（1）养成认真负责的工作态度，具有良好的职业道德。

（2）树立安全生产、规范生产的意识。

（3）培养善于沟通的人际交往能力。

（4）具备一定的心理分析能力，能够做到换位思考。

（5）通过任务实施培养自身工匠精神。

知识框架

```
                              ┌─────────────────┐
                              │   配气机构认知    │
┌─────────────────┐          └─────────────────┘
│ 混合动力汽车发动机  │
│   配气机构检修     │
└─────────────────┘          ┌─────────────────┐
                              │ 配气机构拆装与检修 │
                              └─────────────────┘
```

18个学时。

客户李先生驾驶一辆混合动力汽车来到维修站，反映该车运行中配气机构有极轻微的声响，不确定该声音是异响还是正常现象。请根据配气机构相关知识对该车的配气机构进行检查，向李先生解释配气机构的工作过程及产生轻微声响的原因。

任务一　　　　配气机构认知

案例导入

客户李先生驾驶一辆混合动力汽车来到维修站，反映该车运行中配气机构异响，并伴随动力电池电量低于50%、动力不足、机油和燃油消耗增大、尾气排放超标等现象，经过拆检发现气门磨损过度，请向客户解释故障原因及解决方法。

知识介绍

一、配气机构的作用与组成

配气机构的作用是按照发动机各缸的工作顺序和每一个气缸工作循环的要求，定时开启和关闭各缸的进、排气门，配合发动机各缸实现进气、压缩、做功、排气的工作过程。配气机构工作性能的好坏，对发动机有重要的影响。对配气机构总的要求是气门关闭严密、开闭及时、开度足够。如果气门关闭不严，在压缩行程中会漏气，造成气缸压力不足和燃气质量的缺失；在做功行程中会泄压，使燃烧压力降低。如果气门开闭不及时或开度不够，则会造成进气不充分，排气不彻底。以上情况均会引起发动机功率下降，甚至不能起动。

配气机构主要由凸轮轴、凸轮轴正时齿形轮、曲轴正时齿形轮、正时链条（或正时皮带）、气门组件等组成，如图3-1所示。

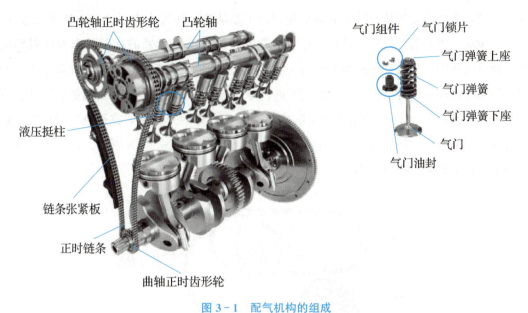

图 3-1　配气机构的组成

二、配气机构的工作过程

　　气门打开时，由曲轴通过正时皮带或正时链条驱动凸轮轴旋转，使凸轮轴上的凸轮通过液压挺柱向下推开气门，同时使弹簧进一步压缩。

　　当凸轮顶点转过液压挺柱以后，气门在其弹簧张力的作用下，开度逐渐减小，直至最后关闭，进气或排气行程结束。压缩和做功行程中，气门在弹簧张力作用下严密关闭，使气缸密闭。

三、正时皮带和正时链条

　　配气机构的驱动力来自曲轴前端的正时齿形轮，柴油机多使用齿轮将动力传递给凸轮轴，汽油机有两种媒介将动力传递给凸轮轴，即正时皮带和正时链条，如图 3-2 所示。

图 3-2　配气机构的正时皮带和正时链条

　　正时皮带或正时链条起到承上启下的作用，上部连接的是发动机气缸盖上的凸轮轴正时齿形轮，下部连接的是曲轴正时齿形轮。汽车发动机工作过程中，气缸不断重复进气、压缩、做功、排气四个行程，并且，每个步骤的时机都要与活塞的运动状态和位置相配合，使进气和排气与活塞升降相互协调。正时皮带或正时链条的正确安装，保证了进、排气凸轮轴与曲轴的相对位置，也就保证了进、排气门的开闭时刻与活塞位置的正确性。正时皮带的"正时"，实际指的是"配气正时"，如果配气正时不正确，将影响发动机的运转及起动，甚至造成"顶气门"等严重机械故障。正时皮带如图 3-3 所示。正时皮带的技术成熟、成本较低、噪声较小等。

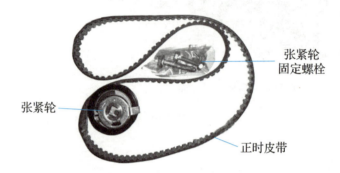

图 3-3　正时皮带

正时链条如图 3-4 所示。正时链条具有技术可靠、更换周期长甚至无须更换等优点；缺点是声音较大，随着使用时间其会被拉长，导致配气相位发生变化。

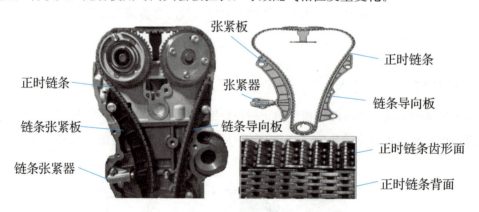

图 3-4　正时链条

四、配气机构的分类

配气机构按每缸气门的数量，可分为双气门式和多气门式。现代高速发动机普遍采用多气门结构。气门数的增加，使发动机的进、排气通道的横截面积增加，提高了发动机的充气效率，改善了发动机的动力性能。按凸轮轴的位置，可分为凸轮轴下置式、凸轮轴中置式和凸轮轴上置式，如图 3-5 所示。

凸轮轴下置式　　　凸轮轴中置式　　　凸轮轴上置式

图3-5　按凸轮轴的布置分类

凸轮轴下置式即凸轮轴布置在气缸体上靠近曲轴的一侧，一般只用一对正时齿轮传动，大多数载货汽车和大中型客车发动机采用这种方式。

为减小气门传动零件往复运动的惯性力，某些速度较高的发动机将凸轮轴下置式配气机构的凸轮轴抬高到气缸体的上部，缩短了传动零件的长度，称为凸轮轴中置式配气机构。由于凸轮轴与曲轴距离较远，故在一对正时齿轮中间加一个中间传动齿轮。

凸轮轴上置式即凸轮轴直接布置在缸盖上。凸轮轴直接通过挺柱来驱动气门，省去了推杆、摇臂等，使往复运动质量大大减小，因此它适合于高速发动机。由于凸轮轴离曲轴中心较远，因而都采用链条传动或同步齿形带传动。

配气机构按曲轴和凸轮轴的传动方式，分为齿轮传动式、链条传动式和同步齿形带传动式，如图3-6所示。

齿轮传动式　　　　链条传动式　　　同步齿形带传动式

图3-6　按曲轴、凸轮轴的传动方式分类

凸轮轴下置、中置的配气机构大多采用圆柱形正时齿轮传动。一般从曲轴到凸轮轴的传动只需一对正时齿轮，必要时可加装中间齿轮。为了啮合平稳，减小噪声，正时齿轮多用斜齿。在中、小功率发动机上，曲轴正时齿轮用钢来制造，而凸轮轴正时齿轮则用铸铁或夹布胶木制造，以减小噪声。

链条传动就是指曲轴通过链条来驱动凸轮轴。这种传动方式一般多用于凸轮轴上置式的远距离传动。但链条传动的可靠性和耐久性不如齿轮传动，且噪声较大、造价高，其传动性能的好坏直接取决于链条的制造质量。为使在工作时链条具有一定的张力而不致脱链，通常装有导链板、张紧轮装置等。

同步齿形带传动与链条传动的原理相同，只是链轮改为齿轮，链条改成齿形带。这种齿形带用氯丁橡胶制成，中间夹有玻璃纤维和尼龙织物，以增加强度。齿形带传动弥补了链条传动的缺陷，并降低了成本。

五、配气相位

用曲轴转角表示的进、排气门开闭时刻和开启持续时间，称为配气相位。进、排气门的开闭时刻称为配气正时。配气相位的内容包括：进气提前角（α）、进气滞后角（β）、排气提前角（γ）、排气滞后角（δ），如图 3-7 所示。

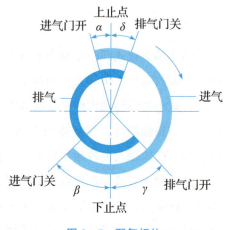

图 3-7　配气相位

（一）进气提前角

在排气行程接近终了，活塞到达上止点之前，进气门便开始开启，从进气门开始开启到上止点所对应的曲轴转角称为进气提前角，用 α 表示，α 一般为 $10°\sim30°$。进气提前的目的是进气门早开，使活塞到达上止点后开始向下运动时，因进气门已有一定开度，所以可较快地获得较大的进气通道截面，减少进气阻力。

（二）进气滞后角

在进气行程下止点过后，活塞又上行一段，进气门才关闭，从下止点到进气门关闭所对应的曲轴转角称为进气滞后角，用 β 表示，β 一般为 $40°\sim80°$。进气滞后的目的是到下止点时，由于进气阻力的影响，缸内的压力仍低于大气压，利用缸内外的压差和气流的惯性继续进气；过下止点后随着活塞上行，缸内压力渐大，气流流速减小至零时进气门关闭。

（三）排气提前角

在做功行程的后期，活塞到达下止点前，排气门便开始开启，从排气门开始开启到下止点所对应的曲轴转角称为排气提前角，用 γ 表示，γ 一般为 $40°\sim80°$。排气提前的目的是残余的压力做功意义已不大，利用此压力使废气自由排出；废气的提前排出也可使排气行程消耗的功率减少；高温废气的早排，还可以防止发动机过热。

（四）排气滞后角

在活塞越过上止点后，排气门才关闭，从上止点到排气门关闭所对应的曲轴转角称为排气滞后角，用δ表示，δ一般为10°～30°。排气滞后的目的是到达上止点时，缸内压力仍高于大气压，利用缸内外压力差继续排气；活塞到达上止点时，废气流还有一定的惯性，利用气流惯性继续排气。

六、液压挺柱

（一）功用

液压挺柱用于将来自凸轮轴的运动和作用力传递给气门组件，能自动消除气门及传动机构的间隙，减小各零件的冲击和噪声，凸轮轮廓可设计得比较陡一些，气门开启和关闭更快，以减小进、排气阻力，改善发动机的换气，提高发动机的性能，特别是高速性能。不需要调整气门间隙，使用维护方便。

（二）组成

液压挺柱由挺杆体、液压缸、柱塞、补偿弹簧和球阀等组成，如图3-8所示。

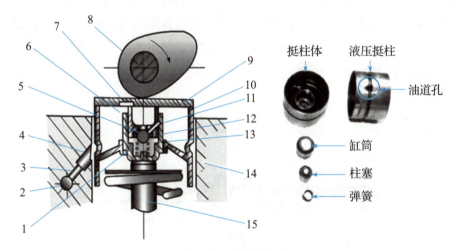

图3-8　液压挺柱

1—高压油腔；2—油道；3—量油孔；4—斜油孔；5—球阀；6—低压油腔；7—键形槽；8—凸轮轴；9—挺杆体；
10—挺杆体焊缝；11—柱塞；12—液压缸；13—补偿弹簧；14—气缸盖；15—气门杆

（三）工作过程

凸轮轴上的偏心凸轮随凸轮轴的转动驱动液压挺柱，当凸轮尖头与液压挺柱接触时，挺柱体下移，高、低压油腔被隔开，整个挺杆下移，推开气门，如图3-9所示。挺柱体上行时，球阀处于关闭状态，整个挺杆上升，直至凸轮处于基圆位置，气门关闭，如图3-10所示。此时，润滑油进入低压油腔，补偿弹簧推动柱塞上行，压力油顶开球阀进入高压油腔，两腔相通充满润滑油，这时挺杆顶面与凸轮紧贴。

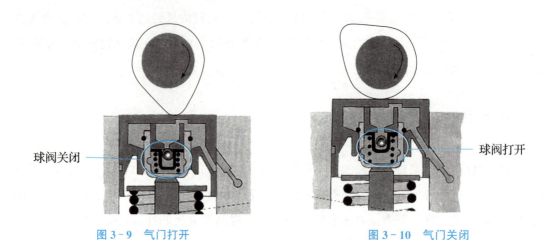

球阀关闭

球阀打开

图 3 - 9　气门打开　　　　　　图 3 - 10　气门关闭

七、凸轮轴

　　凸轮轴的作用是用于控制气门的开启和关闭，保证气门有足够的升程，每一个进、排气门分别有相应的进气凸轮和排气凸轮。凸轮的形状影响气门的开闭时刻及高度，凸轮的排列影响气门的开闭时刻和工作顺序。凸轮轴主要由凸轮、凸轮轴轴颈等组成，如图 3 - 11 所示。凸轮轴的布置形式有下置式、中置式和上置式，其中上置式应用最为广泛。

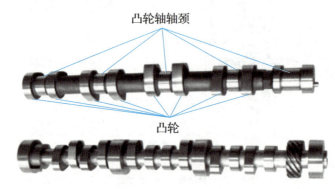

凸轮轴轴颈

凸轮

图 3 - 11　凸轮轴

八、气门组件

　　气门组件由气门、气门油封、气门弹簧、气门锁片、气门弹簧上座、气门弹簧下座等组成，如图 3 - 12 所示。

（一）气门

　　气门是燃烧室的组成部分，是气体进、出燃烧室通道的开关，承受冲击力、高温冲击、高速气流冲击。气门由头部和杆部组成，如图 3 - 13 所示。气门头部与气门座接触的

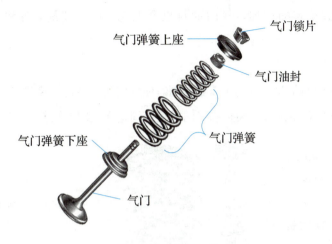

气门锁片

气门弹簧上座

气门油封

气门弹簧

气门弹簧下座

气门

图 3-12　气门组件

部位设计成锥面，便于气门落座时自行对正中心，接触良好。杆部的尾端设有凹槽，用于定位锁片。多数发动机都采用四气门结构，即两个进气门、两个排气门，一般进气门比排气门稍大，也有两气门、三气门、五气门发动机，但应用较少。

凹槽

杆部

头部

锥面

图 3-13　气门构造

（二）气门油封

气门油封（见图 3-14）用于发动机气门导杆的密封，可以防止机油进入进、排气管，造成机油流失，防止汽油与空气的混合体以及排放废气泄漏，防止发动机机油进入燃烧室。气门油封是发动机气门组件的重要零件之一，在高温下与汽油和机油相接触，因此需要采用耐热性和耐油性优良的材料，一般为氟橡胶。由于气门油封工作环境恶

气门杆部

气门油封

气门油封

图 3-14　气门油封

劣，随着车辆行驶里程的增加，气门油封也会老化、磨损泄漏，导致车辆加速乏力或"烧机油"。

（三）气门弹簧

气门弹簧使气门回位并与气门座压紧，同时使气门传动零件紧密连接，防止因惯性力分离而产生异响。气门弹簧由气门锁片和气门弹簧座固定在气门和缸盖间，如图3-15所示。

气门弹簧座
气门锁片
气门弹簧
防共振双气门弹簧

图3-15 气门弹簧

🚗 汽车的故事

中国汽车发展——光辉的奋斗史

中国汽车工业从最初引进、模仿、合作，到今天的创新、自主研发和参与国际竞争，经过了长期的发展和艰苦努力。目前我国已成为世界上的汽车制造大国之一，并朝着制造强国迈进。

我国自20世纪50年代开始生产自主品牌汽车，这是我国汽车工业的起点。第一汽车制造厂是国家"一五"计划重点建设项目之一，1953年奠基，1956年建成投产并制造出我国第一辆卡车（解放牌），1958年制造出我国第一辆小轿车（东风牌）和第一辆高级轿车（红旗牌）。一汽的建成，开创了我国汽车工业的历史。

自1984年开始，一大批国际汽车企业纷纷与中方合作，在中国建立了生产基地。合资企业给中国汽车工业带来了先进的技术和经营理念，培养了一批专业的人才和配套企业，推动了中国汽车市场的快速增长。

进入21世纪，中国汽车工业开始加强自主创新能力，培育自主品牌。在国家政策的支持下，吉利、奇瑞、比亚迪、长城等自主品牌相继崛起。同时，上汽、东风、长安等传统国有企业也加快了自主品牌的建设和发展，自主品牌不断提升产品质量和技术水平，在国内市场取得了较好的口碑和销量。面对不断扩张的市场需求，中国汽车制造商开始寻求国际化发展，以提高品牌知名度和市场份额。国内的汽车类型逐渐丰富多样，可供人们选择的车型也越来越多，配置更加高档和丰富，设计师们在汽车上融入了更多的智能科技，在保证安全的同时，还提高了人们的驾乘体验。

现阶段，随着环保意识的增强和新技术的应用，新能源汽车成为全球汽车工业的新趋势。我国高度重视新能源汽车的发展，并出台了一系列优惠政策和补贴措施。在这样的背景下，中国新能源汽车市场迅速扩大，并连续多年位居世界第一。

此外，汽车与互联网的深度融合已经成为必然趋势。从智能驾驶辅助系统到无人驾驶，驾驶自动化技术的发展将进一步改变我们的出行方式。

我国汽车工业的发展历史，是一段光辉的奋斗史。从20世纪50年代开始，中国汽车工业从无到有，从进口到出口，从模仿到超越，展现出了中国汽车制造的强大智慧。未来，我国汽车工业将继续坚持自主创新，把握新能源和智能化的机遇，提升国际竞争力和影响力，为下一段光辉历程打下坚实基础。

🚗 任务实施

一、实训器材

混合动力汽车整车、发动机实训台、维修手册、高压安全防护用具、专用警示标牌、绝缘工具、维修工具等。

二、实训准备

（1）做好安全防护工作，操作前明确操作方法规程。

（2）结合实训台，正确认识配气机构。

（3）工具、量具选用正确，不得暴力操作。

（4）实施作业过程中要做到7S。

三、实训步骤

（一）就车认识配气机构

（1）检查场地，实施高压安全防护，布设警示标牌。

（2）确保电源开关关闭，拔出点火钥匙，将钥匙妥善保管。

（3）从辅助蓄电池上断开负极端子电缆。

⚠ **注意**：断开电源之后，DTC会被清除，因此断开电源之前必须检查DTC。

（4）拆下检修塞（手动维修开关）。

⚠ **注意**：1）拆下检修塞后，不要操作电源开关，否则可能损坏混合动力汽车ECU。

2）检修车辆时，应将拆下来的检修塞放到衣袋内，以防止其他人重新连接检修塞。

（5）放置车辆 5 分钟。至少需要 5 分钟对变频器内的高压电容器进行放电。

（6）验证高压系统是否已经断电。

（7）用绝缘胶带包裹被断开的高压线路插接器。

（8）严防设备重新通电。

（二）实训台上认识配气机构

（1）检查场地。

（2）正确识别气门组。

（3）正确识别配气机构主要零部件。

任务评价

任务评价如表 3-1 所示。

表 3-1 任务评价

考核项目	评分标准	分数	学生自评	小组互评	教师评价	小计
团队合作	是否和谐	5				
活动参与	是否积极主动	5				
安全生产	有无安全隐患	10				
现场 7S	是否做到	10				
任务方案	是否正确、合理	15				
操作过程	场地检查； 高压安全防护； 高压断电与验电； 裸露高压线路包裹； 配气机构认知	30				
任务完成情况	是否圆满完成作业	5				
工具和设备使用	是否规范、标准	10				
劳动纪律	是否能严格遵守	5				
工单填写	是否完整、规范	5				
总分		100				
教师签字：　　　　年　　月　　日					得分	

任务二　　配气机构拆装与检修

案例导入

客户李先生驾驶一辆混合动力汽车来到维修站，反映该车动力电池电量低于50%，并伴随动力不足、尾气排放超标等现象，经过拆检发现正时链条拉伸变长，导致配气相位发生变化，请向客户解释故障原因并更换正时链条。

知识介绍

国内常见混合动力汽车 BYD476ZQA‑2 型发动机配气机构采用正时链条、液压挺柱、进气 VVT 等技术，具有功率大、低油耗、低噪声、低污染、结构紧凑等特点。下面以常见混合动力汽车 BYD476ZQA‑2 型发动机为例介绍配气机构的拆装与检修。

一、配气机构的拆卸

（一）拆卸正时罩

BYD476ZQA‑2 型发动机配气机构正时罩覆盖在发动机前端，为板材冲压结构，用以保护正时链条、正时齿形轮等零部件，拆卸时先旋下正时罩安装螺母，使用橡胶锤轻轻敲击正时罩使其松动，再用头部缠好保护胶带的一字螺丝刀在气缸体、气缸盖、凸轮轴箱与正时罩接合面上小心地撬下正时罩。BYD476ZQA‑2 型发动机正时罩如图 3‑16 所示。

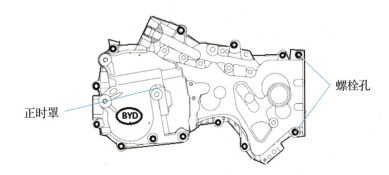

图 3‑16　BYD476ZQA‑2 型发动机正时罩

（二）拆卸正时链条

（1）拆卸正时链条时先使用定位工具固定曲轴至 1、4 缸上止点，方法如图 3‑17 所

示。将曲轴顺时针旋转到1、4缸上止点附近，再将曲轴回转45°，从气缸体上旋下气缸体螺塞组件，旋入曲轴定位工具，顺时针旋转拧紧，拧紧力矩为30N·m，固定曲轴到1、4缸上止点。

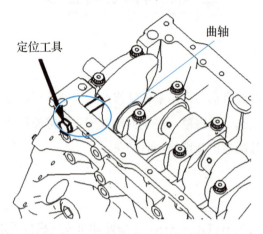

图 3-17　曲轴1、4缸上止点定位

（2）如图3-18所示，通过定位工具固定排气凸轮轴链轮，松开排气凸轮轴链轮螺栓和VVT组件螺栓，应该注意BYD476ZQA-2型发动机该处螺栓为左旋螺纹。

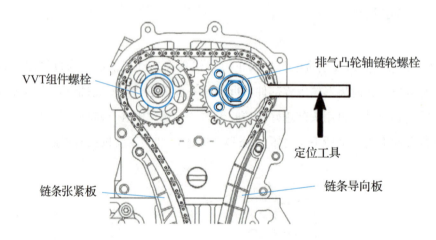

图 3-18　定位排气凸轮轴链轮

（3）解除链条张紧力，方法如图3-19所示。按图示A方向挤压柱塞，利用锁定销将张紧器锁定后即可取下正时链条等零部件。

（三）拆卸凸轮轴箱，检测凸轮轴轴向间隙

按照从两边到中间的顺序均匀旋下凸轮轴箱螺栓，取下凸轮轴箱。使用头部缠有保护胶带的一字螺丝刀前后撬动凸轮轴，检测凸轮轴轴向间隙，如图3-20所示，应不大于0.5mm。利用橡胶锤轻击，从一侧取下凸轮轴。

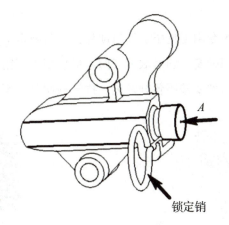

锁定销

A

图 3-19　解除链条张紧力

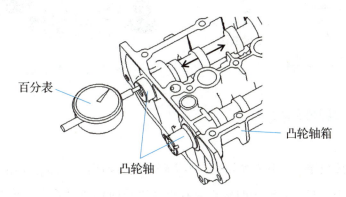

百分表

凸轮轴箱

凸轮轴

图 3-20　检测凸轮轴轴向间隙

（四）拆卸滚子摇臂和液压挺柱

　　凸轮轴箱拆除以后即可露出滚子摇臂和液压挺柱等零部件，如图 3-21 所示。将液压挺柱及滚子摇臂小心地取出，因液压挺柱为精密部件，拆下后要按照各缸及进、排气顺序分开摆放在清洁且密封的环境内，防止错乱和脏污。

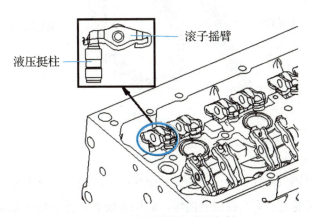

滚子摇臂

液压挺柱

图 3-21　滚子摇臂和液压挺柱

（五）拆卸气门

如图 3-22 所示，利用专用工具压下气门锁片、气门弹簧上座和气门弹簧，卸下气门锁片、气门弹簧上座和气门弹簧，随后取下气门，最后用尖嘴钳取下气门油封。为保持原有配合状态，取下的气门组件要按照各缸及进、排气顺序分开摆放，如图 3-23 所示。

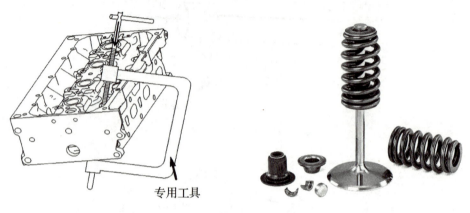

图 3-22　拆卸气门　　　　　　　　图 3-23　气门组的摆放

二、配气机构零部件的检修

（一）检查正时链条

正时链条一般免维护，其寿命较长，不会轻易断裂损伤，但随着使用时间的延长，会出现磨损现象，因此对正时链条的检查应着重观察正时链条是否有严重磨损或有裂纹出现，如果发现有明显磨损、裂纹等问题，应更换正时链条。正时链条的检查如图 3-24 所示。

明显裂纹　　　　　　　　　　　　　明显磨损

图 3-24　检查正时链条

（二）检查 VVT 组件和进、排气凸轮轴链轮

链轮与链条相互啮合，在工作中不断受到拉伸和冲击载荷，因此链轮的主要损伤形式是磨损，应重点检查链轮是否有磨损或者损坏，如果发现有，则更换凸轮轴链轮，如图 3-25 所示。VVT 组件为不可拆修总成，主要对其外观进行检查，看有无变形、裂纹等情况。

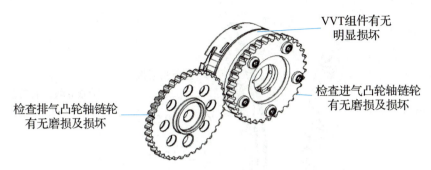

图 3 - 25 检查 VVT 组件和进、排气凸轮轴链轮

（三）检查曲轴链轮

以国内常见混合动力汽车 BYD476ZQA - 2 型发动机的曲轴链轮为例，其为双轮结构，内侧链轮为配气正时链轮，外侧链轮用于驱动润滑系统的机油泵。其检查方法同进、排气凸轮轴链轮一致，重点检查是否有磨损或者损坏，如果发现，则更换曲轴链轮。检查曲轴链轮，如图 3 - 26 所示。

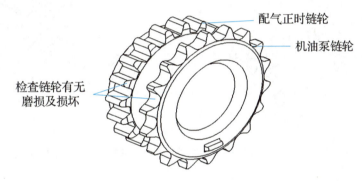

图 3 - 26 检查曲轴链轮

（四）检查链条导向板和链条张紧板

链条导向板和链条张紧板分别对正时链条起到导向和张紧的作用，发动机运转中链条导向板和链条张紧板与链条之间存在着滑动摩擦，因此随着使用时间的延长，链条导向板和链条张紧板会出现不同程度的磨损，如果磨损过甚会导致链条过于松动，甚至出现跳齿、正时错乱等严重故障，因此应重点检查链条导向板和链条张紧板的磨损状况，如图 3 - 27 所示，如果磨损量大于 0.5mm，则必须更换。

（五）检查凸轮轴轴向间隙

为了准确反映零部件的实际磨损状况，应首先进行彻底清洗。仔细清洗进、排气凸轮轴箱三道轴承孔，如图 3 - 28 所示。检测凸轮轴轴向间隙，如图 3 - 29 所示，首先在凸轮轴箱上安装好凸轮轴，前后轻微移动凸轮轴，然后用千分表测量其轴向间隙，新的间隙为 0.1～0.3mm，磨损极限为 0.5mm。如果测量的轴向间隙超过磨损极限，则更换凸轮轴箱；如果是凸轮轴止推面磨损，则更换凸轮轴。

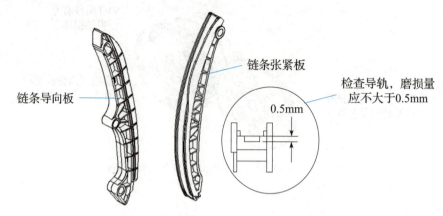

链条张紧板

检查导轨，磨损量
应不大于0.5mm

链条导向板

0.5mm

图 3 - 27　检查链条导向板和链条张紧板

清洗凸轮轴箱轴承孔

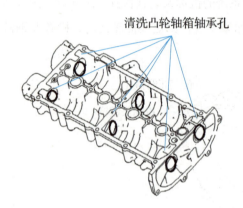

图 3 - 28　清洗进、排气凸轮轴箱轴承孔

新的间隙为0.1～0.3mm，
磨损极限为0.5mm

前后移动

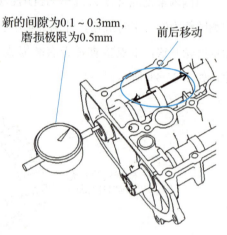

图 3 - 29　检测凸轮轴轴向间隙

（六）清洁气门

　　由于混合动力汽车发动机起动时间不固定，没有预热环节，在某种程度上来说内部积炭产生得更多一些。有些积炭沉积在气门背面和杆部，随着运转，积炭松动会脱落，硬质积炭卡在气门锥面会导致气门密封不严，发动机抖动、无力。在检修时应对气门积炭进行彻底清洗，如图 3 - 30 所示，用钢丝刷清除掉气门上的积炭。注意操作时必须佩戴防护眼镜。

钢丝刷

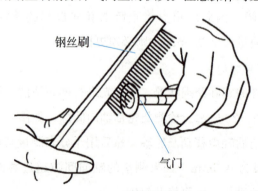

气门

图 3 - 30　清洁气门

（七）检查气门弹簧

气门弹簧不断受到压缩会出现疲劳，表现为弹力下降、断裂和歪斜，歪斜会影响气门关闭的对中性，使气门关闭不严，容易造成密封带的烧蚀。歪斜用垂直度来表示，垂直度和自由高度的检查最为直观。用直角尺和塞尺检查气门弹簧的垂直度，最大间隙为 1.5mm，如图 3-31 所示。如果测量值大于最大间隙，则更换气门弹簧。另外，气门弹簧的弹力需要借用弹簧检验仪进行检测，其原理是将弹簧压缩至规定长度，其弹力的减小值大于原厂弹力值的 10％即应报废，弹力减弱时，其自由高度也会降低，因此目前主要以自由高度和歪斜度为主要测量指标，当自由高度降低 2mm 时，应更换气门弹簧。

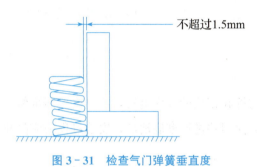

不超过1.5mm

图 3-31　检查气门弹簧垂直度

（八）修复气门座圈

发动机运转过程中，气门与气门座圈不断接触会产生磨损，导致密封锥面变宽及密封带不均匀，从而引起气门与气门座关闭不严，其修复方法如图 3-32 所示。首先确定气门座圈的中心位置，选择合适的导杆，然后用 45°的气门铰刀修整气门座圈，使气门座圈密封面的宽度达到要求，修补时需逐渐减小铰刀力量，以免破坏气门座圈密封面的表面质量。

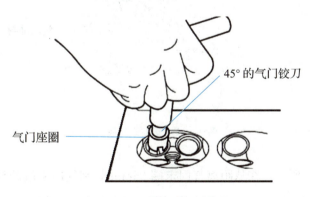

45°的气门铰刀

气门座圈

图 3-32　修复气门座圈

气门座圈密封面的宽度达到要求之后，检查每个气门的装配位置，用 45°的气门铰刀修复气门座圈的密封面，使气门密封面位于气门座圈密封面的中间略微靠里位置，经过修复后的密封带宽度应为 1.5～1.8mm。如图 3-33 所示，用 30°和 60°的气门铰刀修整密封面的位置及宽度，保证气门能完全与气门座圈密封，并保证密封面的宽度和位置达到要求。

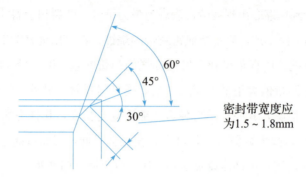

密封带宽度应为1.5～1.8mm

图 3 - 33　用 30°和 60°的气门铰刀修整密封面

三、配气机构零部件的安装

配气机构的安装以与拆卸相反的顺序进行，应严格按照维修手册的要求进行操作。安装前确保所有零部件可以使用并进行彻底清洗，安装过程中应防止零部件和工具、量具掉落，做好人身安全防护。

（一）安装气门

（1）在新的气门油封上涂抹 MP 锂基润滑脂，用气门油封专用工具将气门油封压装到气门导管上，如图 3 - 34 所示。

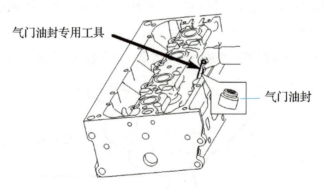

气门油封专用工具

气门油封

图 3 - 34　安装气门油封

（2）如图 3 - 35 所示，在从距离气门末端 26mm 处到气门末端的杆身部分涂抹机油，然后安装气门、气门弹簧、气门弹簧上座。BYD476ZQA - 2 型发动机气门弹簧为等节距弹簧，不区分安装方向。

（3）如图 3 - 36 所示，用气门弹簧压缩专用工具压缩气门弹簧，在气门末端安装气门锁片，安装到位后小心地松开气门弹簧，用尖冲头轻轻敲击气门杆末端，使气门与气门锁片更好地配合。

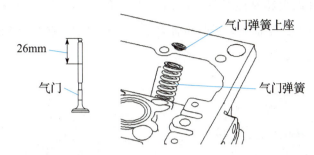

图 3-35 安装气门、气门弹簧、气门弹簧上座

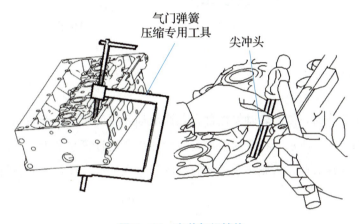

图 3-36 安装气门锁片

（二）安装滚子摇臂组件

在安装滚子摇臂组件前，应在滚子摇臂组件、液压挺柱、滚子与气门末端接触面等存在磨损的位置涂抹适量干净机油，将滚子摇臂组件缓慢地装入柱塞孔，避免损伤挺柱表面，最后将滚子摇臂正确地放置在气门杆末端，如图 3-37 所示。

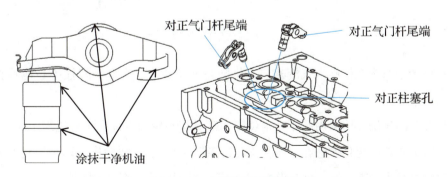

图 3-37 安装滚子摇臂组件

（三）安装凸轮轴

安装凸轮轴时，首先在凸轮轴箱各轴承孔处涂抹适量干净的机油，将凸轮轴从后往前

插入凸轮轴箱，操作时要特别注意不磕碰轴颈和凸轮，并且保证进、排气凸轮轴没有装反，如图3-38所示。凸轮轴安装至凸轮轴箱后，应旋转进、排气凸轮轴1～2圈，检查并确认凸轮轴转动灵活、无卡顿等异常现象。

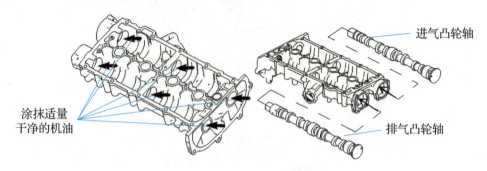

图3-38　安装凸轮轴

（四）安装凸轮轴箱

（1）发动机工作时，因凸轮轴箱内部存在润滑油飞溅的情况，安装凸轮轴箱时应保证其密封性。如图3-39所示，将密封胶均匀地涂抹在凸轮轴箱端面上，注意胶线应位于螺栓孔内侧，不可涂抹太厚，否则多余的密封胶容易进入油道，导致润滑油路堵塞。

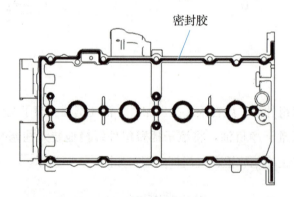

图3-39　凸轮轴箱涂抹密封胶

（2）将2个双头螺柱旋入气缸盖内，将凸轮轴箱穿过2个双头螺柱小心地垂直放下，对准定位销，如图3-40所示。

（3）安装凸轮轴箱前需用凸轮轴定位专用工具将凸轮轴定位在1缸压缩上止点（凸轮轴1缸压缩上止点的定位方法在"安装正时链条"中介绍）。按顺序分两步拧紧安装螺栓，第一步拧紧力矩为10N·m，第二步拧90°转角。拧紧顺序如图3-41所示。

（五）安装正时链条

（1）安装正时链条前应先采用曲轴定位工具将曲轴定位在1、4缸上止点，将曲轴顺时针旋转到1、4缸上止点附近，再将曲轴回转45°，从气缸体上旋下气缸体螺塞组件，旋入曲轴定

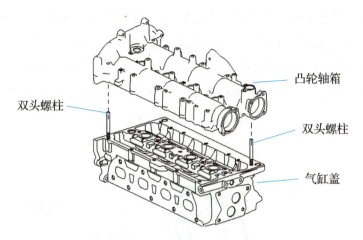

图 3-40 安装双头螺柱及凸轮轴箱

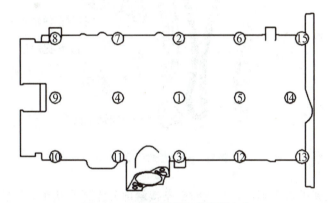

图 3-41 凸轮轴箱螺栓拧紧顺序

位工具，顺时针旋转拧紧，拧紧力矩为 30N·m，固定曲轴到 1、4 缸上止点。

　　完成曲轴定位之后再安装凸轮轴箱，安装凸轮轴箱前需用凸轮轴定位专用工具将凸轮轴定位在 1 缸压缩上止点，如图 3-42 所示，将箭头所指位置对齐安装。

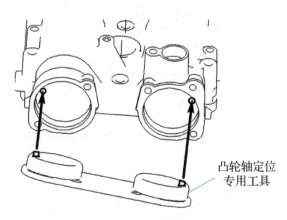

图 3-42 凸轮轴定位

（2）把排气凸轮轴链轮安装到排气凸轮轴上，将排气凸轮轴链轮螺栓旋入距离接合面2mm处的位置，保持链轮自由转动，并防止链轮掉落。把VVT组件装配到进气凸轮轴上，同样将VVT组件螺栓旋入距离接合面2mm的位置，保持链轮自由转动，并防止链轮掉落。将链条导向板挂靠到位，与正时链条接触部分涂适量机油，通过链条导向板将正时链条挂到排气凸轮轴链轮、VVT组件链轮和曲轴链轮上。链轮、VVT组件、正时链条的安装如图3-43所示。

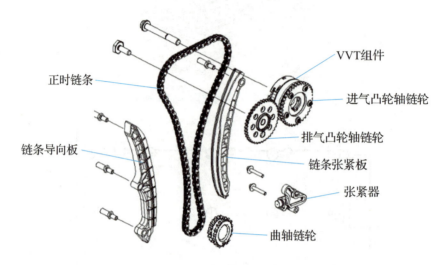

图3-43　链轮、VVT组件、正时链条的安装

（3）将链条张紧板挂靠到位，与正时链条接触部分涂适量机油，装上张紧器，并在摩擦面上涂适量机油，如图3-44所示，拔下箭头所指的张紧器锁定销使正时链条张紧。

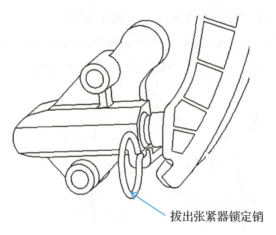

图3-44　正时链条的张紧

（4）保持曲轴在1缸上止点位置，通过专用工具固定排气凸轮轴链轮，拧紧VVT组件螺栓和排气凸轮轴链轮螺栓至规定的力矩，拧紧力矩为50N·m，拧90°转角。卸下凸

轮轴上止点专用工具，将凸轮轴后端盖装上。卸下曲轴定位工具，将气缸体螺塞组件装回原位置。整个操作过程中确保凸轮轴后端盖的密封圈不被损坏，以防漏油。完成以上工作后进行外围正时罩的安装，正时罩密封面上必须干净无油脂，安装前涂敷密封胶，通过定位销将正时罩安装到位，按照交叉法分 2～3 次均匀拧紧螺栓。

🚗 汽车的故事

中国汽车发展——北汽集团

北汽集团，这家国有汽车制造商的第一辆汽车是"井冈山"——一辆老式的后置发动机轿车，与大众甲壳虫和德国 NSU 的 Prinz 在机械结构上有很多相似之处。

1984 年，北汽集团成为第一家与海外公司签订合资企业合同的中国汽车制造商，与美国 AMC 达成协议，在其北京基地生产 Jeep 品牌车型。（AMC：美国汽车公司，1987 年被克莱斯勒收购后消亡，只留下了 Jeep 品牌）

北汽集团和 AMC 的合作伙伴关系的成功引起了其他汽车制造商的关注，这次合资直接促成了韩国现代和德国戴姆勒分别在 2002 年和 2003 年在我国汽车厂商签署了类似的合资协议。

🚙 任务实施

一、实训器材

混合动力汽车整车、发动机实训台、维修手册、高压安全防护用具、专用警示标牌、绝缘工具、维修工具等。

二、实训准备

（1）做好安全防护工作，操作前明确操作方法规程。

（2）结合实训台，正确实施正时链条的拆装更换作业。

（3）工具、量具选用正确，不得暴力操作。

（4）实施作业过程中要做到 7S。

三、实训步骤

（一）安全准备

（1）检查场地，实施高压安全防护，布设警示标牌。

（2）确保电源开关关闭，拔出点火钥匙，将钥匙妥善保管。

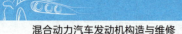
（3）从辅助蓄电池上断开负极端子电缆。

⚠️ **注意**：断开电源之后，DTC会被清除，因此断开电源之前必须检查DTC。

（4）拆下检修塞（手动维修开关）。

⚠️ **注意**：1）拆下检修塞后，不要操作电源开关，否则可能损坏混合动力汽车ECU。

2）检修车辆时，应将拆下来的检修塞放到衣袋内，以防止其他人重新连接检修塞。

（5）放置车辆5min。至少需要5min对变频器内的高压电容器进行放电。

（6）验证高压系统是否已经断电。

（7）用绝缘胶带包裹被断开的高压线路插接器。

（8）严防设备重新通电。

（二）正时链条的拆卸

（1）使用专用工具固定曲轴至1、4缸上止点。

（2）使用定位工具定位排气凸轮轴链轮，松开排气凸轮轴链轮螺栓和VVT组件螺栓。

（3）解除链条张紧力，利用锁定销将张紧器锁定后取下正时链条等零部件。

（三）正时链条的安装

（1）使用曲轴定位工具将曲轴定位至1、4缸上止点，安装凸轮轴箱前用凸轮轴定位专用工具将凸轮轴定位至1缸压缩上止点。

（2）将排气凸轮轴链轮装配到排气凸轮轴上，预安装排气链轮螺栓至规定位置，并防止链轮掉落。

（3）将VVT组件装配到进气凸轮轴上，预安装VVT组件螺栓至规定位置，并防止链轮掉落。

（4）将链条导向板挂靠到位，与正时链条接触部分涂适量机油，通过链条导向板将正时链条挂到排气凸轮轴链轮、VVT组件链轮和曲轴链轮上。

（5）将链条张紧板挂靠到位，与正时链条接触部分涂适量机油，装上链条张紧器，并在摩擦面上涂适量机油，拔下张紧器锁定销使正时链条张紧。

（6）保持凸轮轴在1缸上止点位置，通过专用工具固定排气凸轮轴链轮，拧紧VVT组件螺栓和排气凸轮轴链轮螺栓至规定的力矩。

（7）卸下凸轮轴上止点专用工具，将凸轮轴后端盖装上。

（8）卸下曲轴定位工具，将气缸体螺塞组件装回原位置。

（9）操作过程中应确保凸轮轴后端盖的密封圈完好无损，以防止漏油。完成以上工作后进行外围正时罩的安装，正时罩密封面必须干净无油脂，安装前涂敷密封胶，对正定位销将正时罩安装到位，按照交叉法分2～3次均匀拧紧螺栓。

任务评价

任务评价如图 3-2 所示。

表 3-2　任务评价

考核项目	评分标准	分数	学生自评	小组互评	教师评价	小计
团队合作	是否和谐	5				
活动参与	是否积极主动	5				
安全生产	有无安全隐患	10				
现场 7S	是否做到	10				
任务方案	是否正确、合理	15				
操作过程	场地检查； 高压安全防护； 高压断电与验电； 裸露高压线路包裹； 正时链条的拆装	30				
任务完成情况	是否圆满完成作业	5				
工具和设备使用	是否规范、标准	10				
劳动纪律	是否能严格遵守	5				
工单填写	是否完整、规范	5				
总分		100				
教师签字：　　　　　年　　月　　日					得分	

项目小结

本项目围绕混合动力汽车发动机配气机构展开，主要介绍了配气机构相关知识，系统了解配气机构的作用、组成、工作过程、布置形式及驱动方式；了解配气相位；掌握配气机构主要零部件的构造、工作原理及装配关系；以 BYD476ZQA-2 型发动机为例详细介绍了配气机构的拆装与检修，应掌握配气机构的拆装要点、主要部件的检查维修和装配调整方法。通过系统的学习，同学们应该从知识、能力、素养三个方面提升个人综合能力。

同步练习

一、填空题

1. 配气机构的凸轮轴有（　　　）、（　　　）、（　　　）三种布置型式。

2. 气门组件由（　　　）、（　　　）、（　　　）、（　　　）、（　　　）、（　　　）等组成。

3. 气门弹簧由（　　）和（　　）固定在气门和缸盖间的。

4. 配气机构主要由（　　）、（　　）、（　　）、（　　）、（　　）等组成。

5. 正时皮带或正时链条起到承上启下的作用，上部连接的是发动机气缸盖上的（　　），下部连接的是（　　）。

6. 曲轴与凸轮轴的传动方式有（　　）、（　　）、（　　）三种。

二、判断题

1. 凸轮轴上置式即凸轮轴直接布置在缸盖上。（　　）

2. 配气机构按每缸气门的数量，可分为双气门式和多气门式。（　　）

3. 配气机构按曲轴和凸轮轴的传动方式，分为齿轮传动式、链条传动式和同步齿形带传动式。（　　）

4. 排气门的材料一般要比进气门的材料好些。（　　）

5. 凸轮轴下置、中置的配气机构大多采用圆柱形正时齿形轮传动。（　　）

6. 用曲轴转角表示的进、排气门开闭时刻和开启持续时间，称为配气相位。（　　）

7. 进、排气门的开闭时刻称为配气正时。（　　）

8. 配气相位的内容包括进气提前角、进气滞后角、排气提前角、排气滞后角等。（　　）

9. 在进气冲程下止点过后，活塞又上行一段，进气门才关闭，即从下止点到进气门关闭所对应的曲轴转角称为进气滞后角。（　　）

三、选择题

1. 在进气冲程下止点过后，活塞又上行一段，进气门才关闭，从下止点到进气门关闭所对应的曲轴转角称为进气滞后角，用 β 表示，β 一般为（　　）。

    A. 40°～80°　　　　B. 10°～20°　　　　C. 20°～30°　　　　D. 40°～60°

2. 在活塞越过上止点后，排气门才关闭，从上止点到排气门关闭所对应的曲轴转角称为排气滞后角，用 δ 表示，δ 一般为（　　）。

    A. 20°～40°　　　　B. 10°～40°　　　　C. 20°～30°　　　　D. 10°～30°

3. 液压挺柱由挺杆体、液压缸、柱塞、补偿弹簧和（　　）等组成。

    A. 限压阀　　　　B. 球阀　　　　C. 节流阀　　　　D. 溢流阀

4. 气门组件由气门弹簧上座、气门油封、气门弹簧、气门弹簧下座、气门、（　　）组成。

    A. 气门锁片　　　　B. 摇臂　　　　C. 凸轮轴　　　　D. 正时齿轮

5. 拆卸正时链条时先使用（　　）固定曲轴至1、4缸上止点。

    A. 专用工具　　　　B. 平口螺丝刀　　　　C. 螺栓　　　　D. 锤柄

6. BYD476ZQA－2发动机VVT组件安装在（　　）上。

A. 曲轴　　　　　B. 排气凸轮轴　　　C. 进气凸轮轴　　　D. 进气管

7. 检查 BYD476ZQA-2 发动机链条导向板和链条张紧板的磨损状况，如果磨损大于（　　），则必须更换。

A. 0.2mm　　　　B. 0.5mm　　　　C. 0.7mm　　　　D. 0.9mm

8. BYD476ZQA-2 发动机曲轴到凸轮轴的传动方式是（　　）。

A. 正时齿轮传动　　　　　　　　B. 链传动

C. 齿形带传动　　　　　　　　　D. V 形带传动

9. 气门座圈密封面的宽度达到要求之后，检查每个气门的装配位置，用 45°的气门铰刀修复气门座圈的密封面，使气门密封面位于气门座圈密封面的中间略微靠里位置，经过修复后的密封带宽度应为（　　）。

A. 1.0~1.5mm　　　　　　　　B. 1.5~1.8mm

C. 1.8~2.2mm　　　　　　　　D. 2.2~2.5mm

四、简答题

1. 配气机构的作用是什么？

2. 简述配气机构的工作过程。

3. 何为配气相位？主要包括哪些内容？

混合动力汽车发动机润滑系统检修

学习目标

知识目标： (1) 掌握润滑系统的类型、组成和工作原理。

(2) 掌握润滑系统主要部件的结构和工作原理。

(3) 熟悉润滑系统主要部件常见的失效形式。

(4) 了解润滑系统主要部件的检修方法。

能力目标： (1) 能够诊断并排除润滑系统的机械故障。

(2) 能够正确使用机油压力表。

(3) 能够完成机油压力的检查。

(4) 能够完成机油集滤器的拆装及清洗。

(5) 能够完成油底壳的拆装及清洗。

(6) 能够完成机油泵的检查及更换。

素养目标： (1) 养成认真负责的工作态度，具有良好的职业道德。

(2) 养成安全生产意识，树立规范生产的意识。

(3) 培养善于沟通的人际交往能力。

(4) 具备一定的心理分析能力，能够做到换位思考。

(5) 通过任务实施培养自身的工匠精神。

知识框架

```
混合动力汽车发动机        ┌─ 润滑系统认知
润滑系统检修       ───┤
                        └─ 润滑系统拆装与检修
```

｜ 建议学时 ｜

18 个学时。

｜ 项目情境 ｜

客户李先生驾驶一辆混合动力汽车来到维修站，反映该车运行中机油压力警告灯点亮，请根据润滑系统相关知识对车辆进行检查，向李先生解释润滑系统的工作过程及可能的原因。

任务一　润滑系统认知

案例导入

客户李先生驾驶一辆混合动力汽车来到维修站，反映该车运行中机油压力警告灯点亮，经过拆检发现是由于长期不保养，导致发动机润滑油路严重阻塞，机油压力降低。请向客户解释故障原因并排除故障。

知识介绍

发动机工作时存在相对运动的零件表面会因摩擦而磨损、消耗动力，而且摩擦生热可能导致零件烧损或过度膨胀，从而无法正常工作。所以必须对相互摩擦的零件表面进行可靠的润滑。润滑就是在相互摩擦的零件表面覆盖一层润滑油或润滑脂，使摩擦表面形成一层薄薄的油膜，从而减少摩擦阻力。

一、润滑系统的组成

润滑系统由放油螺栓、发动机油底壳、机油集滤器、机油泵、机油滤清器、机油泄压阀、油压传感器、机油冷却器和主油道等组成，如图 4-1 所示。

（一）机油集滤器

机油集滤器装在机油泵之前，一般采用滤网式，用于防止较大的机械杂质进入机油泵，主要有浮式集滤器和固定式集滤器两类，其结构分别如图 4-2 和图 4-3 所示。维护方式根据其具体状况一般以更换或清洗为主。

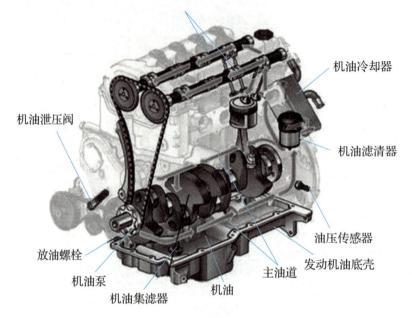

机油冷却器

机油泄压阀

机油滤清器

放油螺栓

油压传感器

机油泵

主油道 发动机油底壳

机油集滤器 机油

图 4-1　润滑系统组成

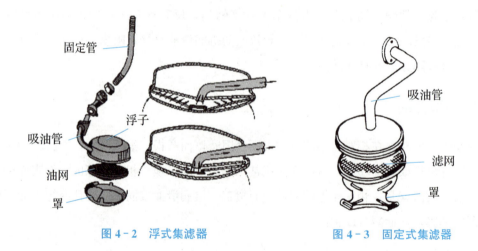

固定管

吸油管

浮子

吸油管

滤网

油网

罩

罩

图 4-2　浮式集滤器　　　图 4-3　固定式集滤器

（二）机油滤清器

典型混合动力汽车发动机的机油滤清器如图 4-4 所示。机油滤清器安装于机油泵和主油道之间，用于滤去机油中的杂质，保持机油清洁，延长发动机使用寿命。机油滤清器主要由纸质滤芯与壳体两大部分组成，其中还有密封圈、支承弹簧、旁通阀等辅助部件。机油滤清器中设有旁通阀，当纸质滤芯由于杂质过多而失效后，机油可以通过旁通阀流入发动机内进行润滑，保证机油的可靠流通。机油滤清器内部构造如图 4-5 所示。维护方式基本都是更换，并且根据保养周期和机油一起更换。

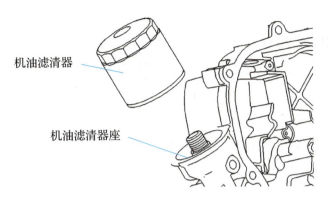

图4-4　典型混合动力汽车发动机的机油滤清器

图4-5　机油滤清器内部构造

（三）发动机油底壳

发动机油底壳用于贮存机油并封闭曲轴箱，又称为下曲轴箱，由油底壳壳体、放油螺栓、油底壳衬垫、挡油板等组成，如图4-6所示。通常放油螺栓上有永磁铁，以吸附润滑油中的金属屑，减少发动机的磨损；挡油板用于减轻油面的波动。在拆装油底壳作业时必须更换新的油底壳衬垫，并涂抹密封胶。

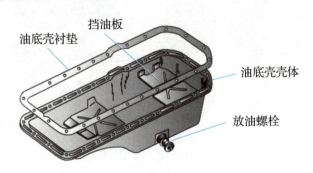

图4-6　发动机油底壳

（四）机油泵

机油泵的功用是保证机油在润滑系统内循环流动，并在发动机的任何转速下都能以足够高的压力向润滑部位输送足够数量的机油。机油泵主要有齿轮式机油泵和转子式机油泵两种类型。

（1）齿轮式机油泵。

齿轮式机油泵主要由主动轴、主动齿轮、从动轴、从动齿轮、机油泵体等组成，如图4-7所示。

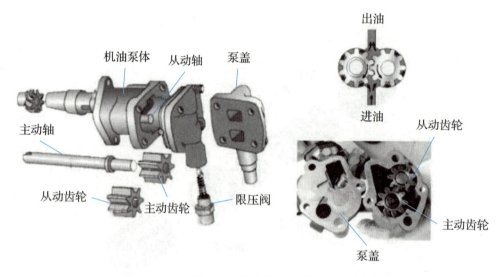

图4-7 齿轮式机油泵

（2）转子式机油泵。

转子式机油泵由壳体、内转子、外转子和泵盖等组成，如图4-8所示。

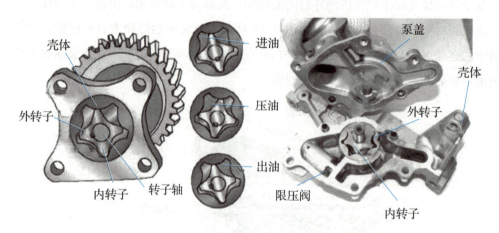

图4-8 转子式机油泵

二、润滑系统的作用及润滑形式

发动机润滑系统具有润滑、清洗、冷却、密封防腐、液压、减振缓冲等作用。润滑作用：润滑零件表面，减小磨损，降低发动机功率消耗。清洗作用：清洗摩擦表面，带走磨屑和其他异物。冷却作用：机油在润滑系统内循环，可带走摩擦产生的热量。密封防腐作用：在运动零件间形成油膜，提高密封性，防止漏气、漏油，同时防止腐蚀生锈。液压作用：机油还可用作液压油，起液压作用。减振缓冲作用：在运动零件表面形成油膜，吸收冲击并减少振动。

发动机各运动零件的工作条件不同，所要求的润滑强度也不同，采取的润滑方式也不同。常见的润滑形式有压力润滑、飞溅润滑、定期润滑三种，润滑系统采用了压力润滑和飞溅润滑两种润滑形式。其中压力润滑主要针对曲轴主轴承和连杆轴承、凸轮轴轴承、摇臂衬套或滚子等处，因为以上部位载荷及相对运动速度很大，要用机油泵将具有一定压力的机油经油道输送到摩擦间隙当中才能形成油膜，保证可靠润滑。飞溅润滑是利用发动机运动零件飞溅起来的油滴或者油雾来润滑零件的摩擦表面，主要针对气缸壁、活塞销、凸轮、挺柱等处。

润滑的路径是由机油泵通过机油集滤器将油底壳内的机油吸入机油泵腔内，加压后输送至机油滤清器；机油滤清器将机油过滤后，通过主油道输送至曲柄连杆机构和配气机构，对机件进行润滑；机油在机件表面形成油膜后沿回油道流回油底壳，再由机油泵吸入、泵出，如此往复。传统汽车润滑油路如图 4-9 所示；典型混合动力汽车润滑油路如图 4-10 所示。

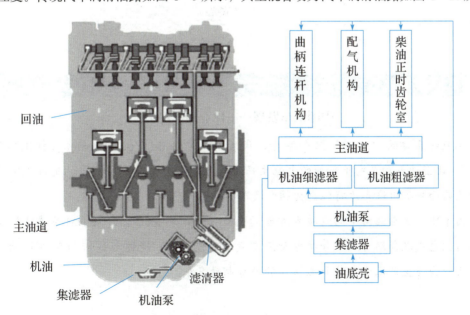

图 4-9　传统汽车润滑油路

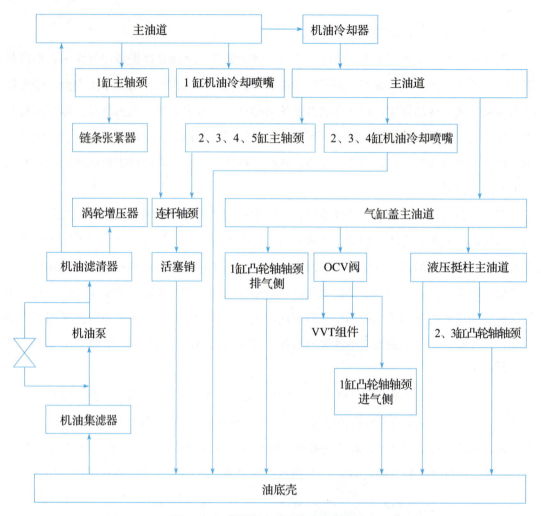

图 4-10　典型混合动力汽车润滑油路

🚗 **汽车的故事**

中国汽车发展——比亚迪（BYD）

比亚迪品牌的"BYD"三个字母，代表的是"Build Your Dreams（打造你的梦想）"。比亚迪最初是电子行业的电池生产商，为摩托罗拉等公司供货，直到 2003 年比亚迪收购西安秦川汽车才将注意力转向汽车制造业。

由于比亚迪在锂离子电池技术方面的专业知识，其凭借 e5、宋 DM 和秦 DM 等车型成为插电式混合动力汽车和纯电动汽车领域的佼佼者。通过与戴姆勒在 2010 年的合资，比亚迪还生产基于奔驰 B 级轿车的腾势电动汽车。

任务实施

一、实训器材

混合动力汽车整车、发动机实训台、维修手册、高压安全防护用具、专用警示标牌、绝缘工具、维修工具、机油压力表、开口扳手、抹布、10mm 梅花扳手、13mm 梅花扳手、活动扳手、棘轮扳手、L 形接杆、可调扭力扳手、接杆、鲤鱼钳、7mm 套筒、8mm 套筒、10mm 套筒、13mm 套筒、6mm 内六角套筒、10mm 开口扳手、冷却系统压力测试仪 1 套、冷却液收集盘、举升机 1 台。

二、实训准备

（1）做好安全防护工作，操作前明确操作方法规程。

（2）结合实训台，正确实施机油集滤器和油底壳清洗。

（3）工具、量具选用正确，不得暴力操作。

（4）实施作业过程中要做到 7S。

三、实训步骤

（1）按对角的顺序拆下油底壳与缸体固定螺栓，取下油底壳及密封垫，拆下机油集滤器及机油防溅板。

（2）用合适的工具去除机油集滤器、油底壳、机油防溅板及放油螺栓上旧的密封胶。

（3）将机油集滤器、油底壳、机油防溅板及放油螺栓放入塑料容器内，用汽油或化油器清洗剂进行清洗，并用吹气枪吹净。注意使用吹气枪时应戴好护目镜，在通风良好的环境中操作。

（4）按与拆卸相反的顺序安装机油防溅板、机油集滤器和油底壳。

任务评价

任务评价如表 4-1 所示。

表 4-1　任务评价

考核项目	评分标准	分数	学生自评	小组互评	教师评价	小计
团队合作	是否和谐	5				
活动参与	是否积极主动	5				
安全生产	有无安全隐患	10				

续表

考核项目	评分标准	分数	学生自评	小组互评	教师评价	小计
现场 7S	是否做到	10				
任务方案	是否正确、合理	15				
操作过程	场地检查； 高压安全防护； 高压断电与验电； 裸露高压线路包裹； 机油集滤器和油底壳清洗； 冷却系统密封性检测	30				
任务完成情况	是否圆满完成作业	5				
工具和设备使用	是否规范、标准	10				
劳动纪律	是否能严格遵守	5				
工单填写	是否完整、规范	5				
总分		100				
教师签字： 年 月 日					得分	

任务二　润滑系统拆装与检修

案例导入

客户李先生驾驶一辆混合动力汽车来到维修站，反映该车运行中机油压力警告灯点亮，经过拆检发现是由于长期不保养，润滑油路存在严重堵塞，机油压力降低，从而导致发动机磨损加剧。请向客户解释故障原因并排除故障。

知识介绍

一、润滑系统部件的拆装

（一）机油泵总成拆装

对于通过链条驱动的机油泵，拆卸机油泵之前应首先解除链条张紧力。以国内常见混合动力汽车发动机为例，张紧力解除方法如图 4－11 所示，取下机油泵盖罩后，小心地拉紧机油泵链条张紧板弹簧使其与螺柱脱离，旋下张紧板螺柱 A，然后慢慢地松开张紧板弹簧，使链条松弛；旋下机油泵链条张紧板销轴 B，取下链条张紧板和张紧板弹簧，利用专用工具定位机油泵链轮，小心地旋下机油泵及链轮螺栓后便可取下机油泵链轮、曲轴链轮、机油泵链条及机油泵。

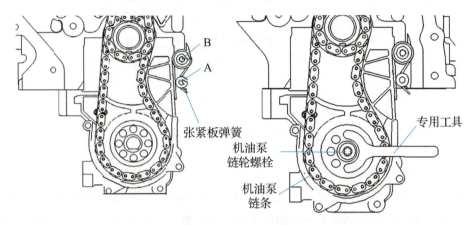

图 4-11 解除张紧力

机油泵总成外观如图 4-12 所示。

图 4-12 机油泵总成外观

对于当代汽车，机油泵不再单独分解修理，而是采取总成更换的方法进行修复，其安装顺序与拆卸顺序相反。将机油泵安装到位，螺栓拧紧力矩 24N·m，用螺丝刀或者类似工具挤压机油泵链条张紧板，把链轮放入链条中，并放到机油泵的轴上，检查确认链轮与机油泵上的轴配合到位后旋入机油泵链轮螺栓，用专用工具定位机油泵链轮，拧紧螺栓，拧紧力矩为 30N·m。

（二）机油冷却器拆装

润滑油在发动机内吸收大量热量，除利用油底壳散热外，还设有专门的机油冷却器，以使机油保持在最有利的温度范围内。拆卸机油冷却器时，首先旋下机油冷却器水管合件固定螺栓，旋下 5 个机油冷却器安装螺栓，取下机油冷却器、机油冷却器水管合件和机油冷却器垫片，安装以相反顺序进行。机油冷却器安装位置如图 4-13 所示。

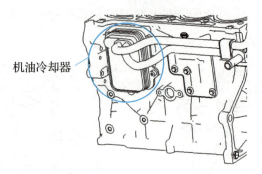

机油冷却器

图 4 - 13　机油冷却器安装位置

（三）机油冷却喷嘴拆装

机油冷却喷嘴安装在气缸体靠近曲轴箱内部，在发动机工作过程中，机油冷却喷嘴将具有一定压力和流量的机油喷射到受侧压力较大的左侧气缸壁和活塞上，通过机油的喷射带走机件的热量，从而加强该处的润滑和冷却效果。其拆卸比较简单，旋下机油冷却喷嘴螺栓，依次取下机油冷却喷嘴，安装以相反顺序进行。机油冷却喷嘴如图 4 - 14 所示。

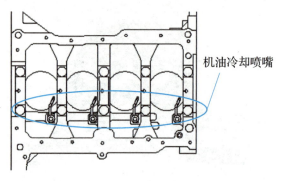

机油冷却喷嘴

图 4 - 14　机油冷却喷嘴

二、润滑油的检查与更换

发动机润滑油俗称机油，其日常检查主要看油量和油质，油质的检查一般利用手捻或滤纸斑点法，观察其分层效果和杂质含量，进行初步鉴定，若机油质量不符合使用要求则应进行更换。一般根据行驶里程或时间确定更换周期，车辆的仪表会有相应保养提示，根据保养提示和需要加注或更换机油即可。下面以国内常见混合动力汽车发动机为例简要介绍机油更换流程。

（1）用升降机将汽车水平升起或将汽车开至地沟上。

（2）拆下加油口盖和放油螺栓，将机油放入适当的容器中。

（3）清洗放油螺栓，检查放油螺栓密封垫是否完整光滑，如有损坏则更换。紧固放油螺栓，拧紧力矩为 25N·m。

（4）安装新的机油滤清器，检查并清洗机油滤清器的安装面，用手轻轻地将机油滤清器旋入机油滤清器座，适当紧固，再用专用工具旋转紧固，其密封圈接触面积较大，没有具体力矩规定，以不漏油、不损坏螺纹为宜。

（5）向发动机内加注机油，机油加注量有更换机油滤清器和未更换机油滤清器两种标准：更换机油滤清器加注 4L，未更换机油滤清器加注 3.8L。

（6）拧紧加油口盖。

（7）检查机油有无渗漏。

（8）检查机油油量，并根据需要补充机油。

热机时机油温度很高，更换机油应避免烫伤。废旧机油属于特种垃圾，可致癌，更换完毕后立即用肥皂和清水清洗皮肤。为保护环境，废旧机油和机油滤清器必须在指定区域处理。

三、润滑系统压力的检测

发动机润滑系统的压力直接影响发动机的润滑效果，若油压过低，会使摩擦表面润滑不良，严重时会导致轴瓦、轴颈等摩擦面出现严重磨损、拉伤，所以润滑系统压力的检测是判断润滑系统是否正常工作的重要手段。润滑系统压力的检测工具为润滑系统压力表，如图 4-15 所示。

发动机停机后机油温度很高易烫伤，因此在进行机油压力检测前需停机一段时间，待机油温度降低后再进行操作。机油压力检测的方法如图 4-16 所示，拆下机油压力开关，通过专用连接管将机油压力表和机油压力开关安装孔相连。

图 4-15　润滑系统压力表

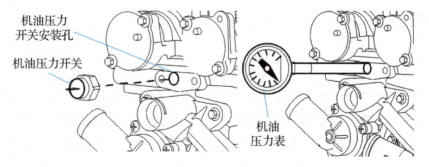

机油压力开关安装孔

机油压力开关

机油压力表

图 4-16　机油压力检测

起动发动机运转一段时间至正常工作温度，将发动机转速提升至 2 000r/min，读取机油压力表的读数，机油压力应为 200kPa～340kPa。不同黏度和温度的机油油压可能会不同，如果压力不在规定范围内，检查原因并根据需要修理或更换。

机油压力检测完毕后以相反顺序安装机油压力开关。熄灭发动机并冷却，拆下机油压力表和转换器。如图 4 - 17 所示，在机油压力开关螺纹上均匀地涂抹厌氧性管螺纹密封胶，安装机油压力开关，拧紧力矩至 15N·m，连接机油压力报警器线束插接器，1 小时后检查机油是否渗漏。

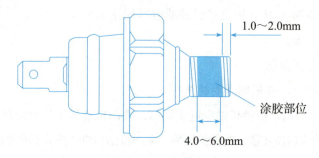

图 4 - 17 安装机油压力开关

🚗 汽车的故事

中国汽车发展——中国一汽

中国一汽是中国历史最悠久的乘用车制造商之一。1956 年一汽生产出第一辆解放牌汽车，从此结束了中国不能自行大批量生产汽车的历史。

一汽早期的汽车都基于克莱斯勒和通用汽车进行设计。1990 年，一汽与大众汽车成立合资企业。在此之后，许多一汽车型都基于大众和奥迪车型。如今，一汽拥有红旗、奔腾、解放等自主品牌和大众、丰田等合资品牌，构建了全球化研发布局，销售规模位列中国汽车行业第一阵营。

🚙 任务实施

一、实训器材

混合动力汽车整车、发动机实训台、维修手册、高压安全防护用具、专用警示标牌、绝缘工具、维修工具、机油压力表、开口扳手、抹布、10mm 梅花扳手、13mm 梅花扳手、活动扳手、棘轮扳手、L 形接杆、可调扭力扳手、接杆、鲤鱼钳、7mm 套筒、8mm 套筒、10mm 套筒、13mm 套筒、6mm 内六角套筒、10mm 开口扳手、举升机 1 台。

二、实训准备

（1）做好安全防护工作，操作前明确操作方法规程。

（2）正确实施润滑油（机油）检查与更换。

（3）工具、量具选用正确，不得暴力操作。

（4）实施作业过程中要做到7S。

三、实训步骤

（1）举升车辆。

（2）拆下加油口盖。

（3）拆下放油螺栓，将机油放入旧油回收器中。

（4）清洗放油螺栓，更换放油螺栓密封垫。

（5）使用专用工具拆卸机油滤清器，检查并清洗机油滤清器的安装面。

（6）在新的机油滤清器密封圈上涂抹机油，轻轻将机油滤清器旋入机油滤清器座，再用专用工具将其旋转紧固至密封位置。

（7）安装放油螺栓并按标准力矩紧固。

（8）向发动机内加注规定的机油并检查机油液面高度。

（9）拧紧加油口盖。

（10）起动发动机并检查放油螺栓和机油滤清器等处有无渗漏。

（11）再次检查机油油量，并根据需要调整机油液面高度。

热机时机油温度很高，更换机油时应避免烫伤。废旧机油可致癌，更换完毕后立即用肥皂和清水清洗皮肤。为保护环境，废旧机油和机油滤清器必须在指定区域处理。

任务评价

任务评价如表4-2所示。

表4-2 任务评价

考核项目	评分标准	分数	学生自评	小组互评	教师评价	小计
团队合作	是否和谐	5				
活动参与	是否积极主动	5				
安全生产	有无安全隐患	10				
现场7S	是否做到	10				
任务方案	是否正确、合理	15				
操作过程	场地检查； 高压安全防护； 高压断电与验电； 裸露高压线路包裹； 润滑油检查与更换	30				

续表

考核项目	评分标准	分数	学生自评	小组互评	教师评价	小计
任务完成情况	是否圆满完成作业	5				
工具和设备使用	是否规范、标准	10				
劳动纪律	是否能严格遵守	5				
工单填写	是否完整、规范	5				
总分		100				
教师签字：　　　　年　　月　　日					得分	

项目小结

本项目围绕混合动力汽车发动机润滑系统展开，主要介绍了润滑系统的相关知识，应系统了解润滑系统的作用、组成和润滑油路；掌握润滑系统主要零部件的构造、工作原理及装配关系；以 BYD476ZQA-2 型发动机为例详细介绍了润滑系统的拆装与检修，应掌握润滑系统的拆装要点，以及主要部件的检查维修、装配调整方法。通过系统的学习，同学们应该从知识、能力、素养三个方面提升个人综合能力。

同步练习

一、填空题

1. 发动机润滑系统具有（　　）、（　　）、（　　）、（　　）、（　　）、（　　）等作用。

2. 发动机常见的润滑形式有（　　）、（　　）和（　　）。

3. 发动机润滑系统一般由（　　）、（　　）、（　　）、（　　）、（　　）、（　　）、（　　）、（　　）、（　　）等组成。

4. 汽车发动机用的机油泵一般有（　　）式和（　　）式。

5. 发动机用机油集滤器可分为（　　）式和（　　）式。

二、判断题

1. 发动机润滑系统只起润滑作用。（　　）

2. 曲轴主轴承和连杆轴承采用压力润滑的方式。（　　）

3. 发动机的气缸壁采用压力润滑的方式。（　　）

4. 机油滤清器串联在机油泵与主油道之间，属于全流式滤清器。（　　）

5. 机油泵限压阀的作用是限制润滑系统的最高油压。（　　）

6. 机油油量不足或机油黏度过低会造成机油压力高。（　　）

7. 发动机润滑系统主油道中的压力越高越好。（　　）

8. 更换发动机机油时应同时更换或清洗机油滤清器。（　　）

三、简答题

1. 谈一谈汽车润滑系统的作用。

2. 简述汽车润滑系统的组成。

3. 润滑系统机油泵的种类有哪些？

4. 为什么要对润滑系统零部件进行清洗？

| 学习目标 |

知识目标：(1) 掌握冷却系统的类型、组成、功用和工作原理。

(2) 掌握冷却系统主要部件的结构和工作原理。

(3) 掌握节温器的功用与工作原理。

能力目标：(1) 能够诊断并排除冷却系统的泄漏故障。

(2) 能够完成散热风扇的检修。

(3) 能够完成散热器的检修。

(4) 能够完成节温器的检修。

(5) 能够完成水泵的检修。

素养目标：(1) 养成认真负责的工作态度，具有良好的职业道德。

(2) 养成安全生产意识，树立规范生产的意识。

(3) 培养善于沟通的人际交往能力。

(4) 具备一定的心理分析能力，能够做到换位思考。

(5) 通过任务实施培养自身工匠精神。

| 知识框架 |

```
                                        ┌──────────────────┐
                                    ┌───│   冷却系统认知     │
┌──────────────────┐               │   └──────────────────┘
│  混合动力汽车发动机  │───────────────┤
│    冷却系统检修     │               │   ┌──────────────────┐
└──────────────────┘               └───│  冷却系统拆装与检修  │
                                        └──────────────────┘
```

| 建议学时 |

18 个学时。

| 项目情境 |

　　客户李先生驾驶一辆混合动力汽车来到维修站，反映该车运行中冷却液温度过高警告灯点亮。请根据冷却系统相关知识对车辆进行检查，向李先生解释冷却系统的工作过程及故障原因。

任务一　　　　冷却系统认知

案例导入

　　客户李先生驾驶一辆混合动力汽车来到维修站，反映该车运行中冷却液温度过高警告灯点亮。经过检查发现是由于冷却液过少，进一步检查发现冷却系统存在泄漏，从而导致发动机散热不良，温度升高。请向客户解释故障原因并排除故障。

知识介绍

　　发动机的冷却并非温度越低越好，其冷却强度必须适度。若发动机的冷却不足，会因高温烘烤导致进气密度降低，从而使气缸充气量减少，甚至出现早燃或爆燃等非正常燃烧状况，发动机功率下降，且发动机零件也会因为冷却不足而加剧磨损。反之，若冷却过度，一方面因发动机热量散失过多，转变为有用功的热量减少，热效率降低；另一方面由于混合气与气缸壁接触，其冷却作用导致原已汽化的燃油重新凝结并顺流至曲轴箱内，燃油利用率降低，消耗量增大，并且顺流而下的燃油与机油混合使机油变稀，影响润滑油膜的建立和润滑油压的建立，影响润滑系统正常工作，发动机磨损也会加剧，影响发动机的寿命。

一、冷却系统的作用与分类

（一）冷却系统的作用

　　发动机工作时，气缸内可燃混合气的燃烧温度很高，直接与高温气体接触的机件如气缸体、气缸盖、活塞、气门等若不及时加以冷却降温，就会因受高温膨胀而破坏正常间隙，或因润滑油在高温下失效而卡死，或因高温导致其机械强度下降甚至损坏。因此，冷却系统的作用是使工作中的发动机得到适度冷却，保证发动机在正常的温度范围内工作。

（二）冷却系统的分类

　　汽车发动机冷却系统按冷却介质不同分为水冷却系统和风冷却系统两种。目前，大多数汽车发动机采用水冷却系统，如图5-1（a）所示。水冷却系统以冷却液为介质，热量由机件传给冷却液，靠冷却液的流动把热量带走，再散发到大气中去，使发动机的温度降低，散热后的冷却液再重新流回到受热机件处。适当地调节冷却的强度，就能保证发动机的正常工作温度。风冷却系统如图5-1（b）所示，风冷却系统利用高速流动的空气直接吹过气缸盖和气缸体表面，把热量散发到大气中去，保证发动机在最有利的温度范围内工作。

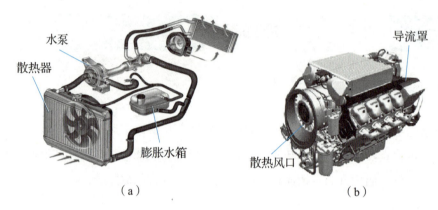

散热器　水泵　导流罩

膨胀水箱　散热风口

（a）　　（b）

图5-1　水冷却系统和风冷却系统

采用水冷却系统时应使气缸盖内的冷却水温度在80～95℃；采用风冷却系统时，铝气缸壁的允许温度为150～180℃，铝气缸盖的允许温度为160～200℃。

二、水冷却系统的组成

发动机上采用的水冷却系统，都是用水泵强制使冷却液在冷却系统中进行循环流动的，也称为强制循环水冷却系统。水冷却系统具有冷却可靠、布置紧凑、噪声小、使用方便等优点，在汽车发动机上应用较为广泛。水冷却系统主要由水泵、水管、气缸盖水套、节温器和水温监测元件等组成，水冷却系统的基本组成如图5-2所示。

（一）冷却液

冷却液（见图5-3）是冷却系统的冷却介质，也称为防冻液，其由水和防冻剂配制而成，如仅使用水作为冷却介质，则在冬季可能因水结冰膨胀而使气缸体和气缸盖胀裂。冷却液用水应是软水，否则会在发动机气缸套和水套上产生水垢，阻碍传热，从而导致发动机过热。

冷却液中防冻剂的浓度不宜过高，也不易过低，一般应控制在40%～68%。浓度太低，起不到防冻的效果；浓度太高，则会降低冰点。一般50%浓度的冷却液其冰点可达－33℃，完全满足我国绝大多数地区的使用。

冷却液具有防沸腾、防锈蚀和抑制泡沫产生的作用，在使用中，冷却液中的防锈剂和

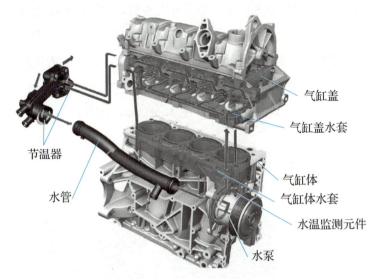

气缸盖

气缸盖水套

节温器

气缸体

气缸体水套

水管

水温监测元件

水泵

图 5-2　水冷却系统的基本组成

图 5-3　冷却液

泡沫抑制剂会逐渐被消耗，因此，应定期更换冷却液。更换冷却液时应注意加注冷却液不宜过满，应给冷却液留有一定的膨胀空间。废弃的冷却液应本着环保的原则妥善处理，不应随意将其排入下水道。

（二）冷却风扇

冷却风扇的作用是提高流经散热器的空气流速和流量，以增强散热器的散热能力。

风扇叶片如图 5-4 所示。目前应用较多、较先进的风扇是带有辅助叶片的轴流风扇，在叶片表面铸有凸起，其优点是增加空气的径向流量，防止在叶片表面产生附面层和涡流，改善了冷却性能，降低了噪声。

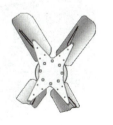

图 5-4　风扇叶片

风扇的驱动形式一般有皮带驱动和电机驱动，早期针对发动机纵置的水冷却系统采用皮带直接驱动风扇，而发动机横置的水冷却系统大多数采用电机直接驱动风扇。皮带驱动风扇的构成如图 5-5 所示。一般将发电机的支架做成可移动式，以调节皮带的张紧度。皮带过松，将引起皮带相对带轮打滑，使风扇的扇风量减少、发动机过热及发电机的发电效率下降；皮带过紧，将增加发电机轴承的磨损。因此要求皮带必须保持合适的张紧度，一般用大拇指以 30～50N 的力，按下皮带产生 10～15mm 的挠度为宜。

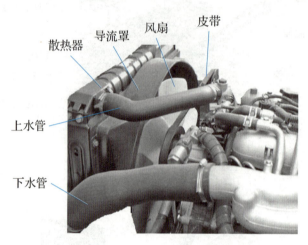

图 5-5　皮带驱动风扇

目前轿车多采用电机驱动的冷却风扇，安装在散热器后面，控制其电机转速即可控制散热强度。电机的控制有温控开关控制、电控单元控制等类型。当电机旋转时，带动叶片旋转，产生轴向吸力，使大量空气流过散热器芯，把芯内冷却液散发出的热量带走，从而使散热器芯内、外保持较大的温差，增强了散热效果。风扇外的导流罩一般固定在散热器上，其作用是使通过散热器芯的气流分布更均匀。电机驱动风扇的构成如图 5-6 所示。有些车辆设置两只风扇，以满足散热器长宽比较大及散热器面积大的需要，排风量大，散热效果更好。

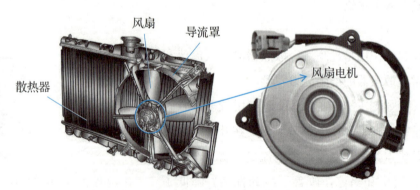

图 5-6　电机驱动风扇

电机驱动风扇常与热敏开关配合使用，能最小成本实现自动控制，并且不受发动机转速的影响。根据发动机的温度，自动控制风扇两挡转速，来改变散热器的空气流量。常见电动风扇一挡、二挡的控制温度及转速如下：

电动风扇一挡：工作温度 92～97℃，关闭温度 84～91℃，工作转速 2 300r/min；

电动风扇二挡：工作温度 99～105℃，关闭温度 93～98℃，工作转速 2 800r/min。

（三）膨胀水箱

膨胀水箱上部是一个较细的软管与水箱的加水管相连，底部通过水管与水泵的进水管相连接，通常高于散热器。膨胀水箱的作用是把冷却系统变成永久封闭系统，减少冷却液的损失，避免空气不断地进入，在系统内造成氧化、穴蚀，使冷却系统中水、气分离，保持系统内压力稳定，提高水泵的泵水量。几种常见的膨胀水箱如图5-7所示。

图 5-7　膨胀水箱

当冷却液受热膨胀后，散热器内多余的冷却液流入膨胀水箱；当温度降低后，散热器内产生一定的真空度，膨胀水箱中的冷却液又被吸回散热器内。因此冷却液不会溢出，驾驶员不必经常加注冷却液。膨胀水箱上印有两条液面高度标记线 MIN、MAX。补充冷却液时可从膨胀水箱口加入，在添加冷却液时，液位应控制在 MIN、MAX 之间。液位低于MIN 时需加注冷却液。

（四）散热器

散热器用导热性好的材料制成。散热器主要是由上水室、下水室和散热器芯组成，散热器芯由冷却管和散热带组成。散热器结构如图5-8所示，上水室、下水室由散热器芯连接一起，并装在框架内，框架固定在车架上，框架上还设有护风圈，起风向导流作用，下水室的出水管接水泵的进水口，上水室的进水管接缸盖的出水口，上水室上设有加水口，并用加水口盖封闭，在下水室中一般还装有放水阀。

散热器芯的构造有管片式、管带式等，其最终目的是尽可能提高散热能力。管片式散热器由许多冷却管和散热片组成。冷却管是焊接在上、下水室之间的直管，是冷却液的通道。当空气吹过冷却管的外表面时，管内流动的冷却液得到冷却。冷却管大多采用扁圆形

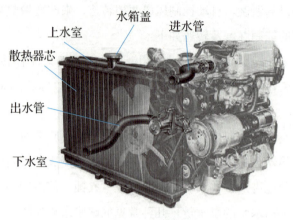

图5-8　散热器结构

断面，因为扁管与圆管相比，在容积相同的情况下具有较大的散热面积；当管内的水冻结膨胀时，扁管可以借其横断面变形而免于破裂。为了进一步提高散热效果，在冷却管外面横向套装了很多金属薄片充当散热片来增加散热面积，同时增加了整个散热器的刚度和强度。

　　管带式散热器，其中散热带与冷却管相间排列。散热带呈波纹状，为了提高散热能力，在散热带上一般开有形似百叶窗的缝孔，用来破坏空气流在散热带表面上的附面层，从而提高散热能力。这种散热器芯与管片式相比，具有散热能力强、制造工艺简单、质量小、成本低等优点，但结构刚度不如管片式好，一般在使用条件较好的轿车上广泛采用。随着我国道路条件的改善，管带式散热器芯在中型货车上也开始采用。管带式与管片式散热器芯如图5-9所示。

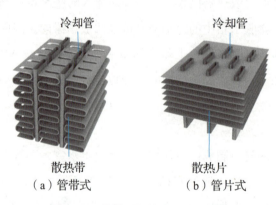

（a）管带式　　　　　　　　（b）管片式

图5-9　管带式与管片式散热器芯

（五）散热器盖

　　常见水冷却系统的散热器盖带有自动阀门，发动机热状态正常时，阀门关闭，将冷却系统与大气隔开，防止水蒸气逸出，使冷却系统内的压力稍高于大气压力，从而可提高冷却液的沸点，防止冷却系统发生"开锅"现象。但如果冷却系统中水蒸气过多，将使冷却系统压力过大，可能导致散热器破裂。因此必须在加水口处设置排出水蒸气的通道，当冷却系统内压力过高或过低时，自动阀门开启以使冷却系统与大气相通。自动阀门散热器盖如图 5-10 所示。

自动阀门弹簧

图 5-10　自动阀门散热器盖

装有空气阀和蒸汽阀的散热器盖，其构造如图 5-11 所示。装有空气阀和蒸汽阀的散热器盖紧盖在加水口上，一般情况下，两阀均在弹簧力作用下处于关闭状态，当散热器中压力升高到一定数值（一般为 0.026MPa～0.037MPa）时，蒸汽阀便开启，使水蒸气顺管排出。当水的温度下降，冷却系统中产生的真空度达一定数值（一般为 0.01MPa～0.02MPa）时，空气阀开启，空气进入冷却系统，以防止水管及贮水室被大气压瘪。

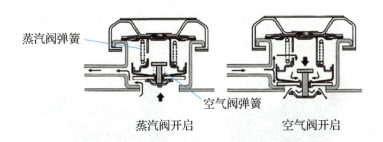

蒸汽阀弹簧

空气阀弹簧

蒸汽阀开启　　　　　空气阀开启

图 5-11　装有空气阀和蒸汽阀的散热器盖

一般轿车发动机的散热器盖安装在膨胀水箱上，常带有自动阀门，平时严密盖紧，冷却系统与大气隔断。当系统温度上升时，冷却系统内冷却液的压力高于大气压，这样可提高冷却液的沸点，加大冷却液温度与外界大气温度的差值，提高散热能力。蒸汽阀的开启压力为 0.12MPa，此时冷却液沸点可达 135℃，散热能力很强。

不允许在发动机热状态下开启散热器盖，应等系统温度降到 50℃ 以下时再打开，以免被喷出的热水和蒸汽烫伤。

（六）水泵

水泵的作用是对冷却液加压，使之在冷却系统中循环流动。汽车上广泛使用离心式水泵。它具有结构紧凑、泵水量大，以及因故障而停止工作时，不妨碍水在冷却系统内部自然循环等优点。

水泵的动力由曲轴皮带轮经皮带传至风扇带轮，再通过凸缘带动水泵轴和水泵叶轮转动。常见的离心式水泵如图 5-12 所示。

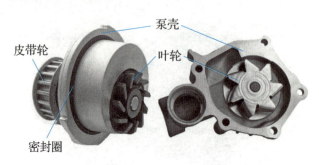

图 5-12　离心式水泵

当叶轮旋转时，水泵中的水被叶轮带动一起旋转，在离心力作用下，水被甩向叶轮边缘，然后经外壳上与叶轮成切线方向的出水管压送到发动机水套内。与此同时，叶轮中心处的压力降低，散热器中的水便经进水管被吸进叶轮中心部分。

离心式水泵的优点：结构简单、体积小、出水量大、维修方便。当水泵由于故障而停止工作时，也不妨碍水在冷却系统内的自然循环。

目前，很多新能源汽车及部分传统车辆将电动水泵作为水循环动力装置，电动水泵无须消耗发动机动力，由电机驱动水泵叶轮实现泵水，在电机传递的动能的作用下，水持续不断地被吸入、排出，形成较稳定的流量。电动水泵外观如图 5-13 所示。

图 5-13　电动水泵外观

（七）节温器

发动机因转速、负荷、环境温度等条件经常变化，要求冷却强度必须随之变化，以保证发动机经常工作在最有利的温度下。例如，夏季气温高、散热慢，要求冷却强度要加大，而冬季冷却强度要减小，因此冷却系统增设了冷却强度调节装置，这里主要介绍节温器。节温器主要通过改变冷却液循环路线和流量实现冷却强度的调节。

目前，大多数发动机采用蜡式节温器，其安装于缸盖出水口处，控制冷却液通往散热器的流量。蜡式节温器的构造如图 5-14 所示。

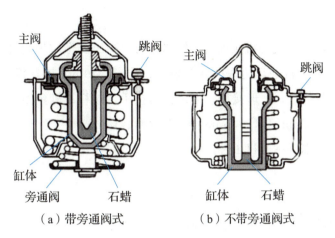

（a）带旁通阀式　　　　　（b）不带旁通阀式

图 5-14　蜡式节温器的构造

蜡式节温器推杆的上端固定于支架，下端插入橡胶套的中心孔内。橡胶套与节温器外壳之间的环形内腔装有石蜡。节温器外壳上端套装有主阀，下端套装有旁通阀，弹簧位于主阀与支架下底之间。

当冷却液温度低于 80℃时，石蜡为固体，在弹簧的作用下，节温器外壳处于最下端位置，此时主阀关闭，旁通阀打开。来自发动机缸盖出水口的冷却液从旁通阀进入小循环胶管，经水泵又流回橡胶套中。当发动机冷却液温度达到 80℃时，石蜡逐渐变成液态，体积膨胀而产生推力。由于节温器外壳为刚性件，石蜡迫使胶管收缩，对推杆锥状端头产生推力。因推杆固定于支架不能移动，其反推力迫使胶管、节温器外壳上移。这时，主阀打开，有部分冷却液经主阀进入散热器散热。

> 🚗 **汽车的故事**
>
> ### 中国汽车发展——长安汽车
>
> 长安汽车与东风汽车、一汽集团和上汽集团一起，被称为"中国四大车企"。
>
> 长安汽车的起源可以追溯到 1862 年由清代政治家和外交官李鸿章创立的金陵机器制造局。它生产的第一辆车是 1959 年的长江 46 军用越野车。
>
> 长安汽车自 1993 年开始走合资发展路线，首先长安与铃木合资，成立了重庆长安铃木汽车有限公司，在此基础上，长安先后与福特、马自达合作，都取得了不俗的成绩。

任务实施

一、实训器材

混合动力汽车整车、发动机实训台、维修手册、高压安全防护用具、专用警示标牌、绝缘工具、维修工具、机油压力表、开口扳手、抹布、10mm 梅花扳手、13mm 梅花扳手、活动扳手、棘轮扳手、L 形接杆、可调扭力扳手、接杆、鲤鱼钳、7mm 套筒、8mm 套筒、10mm 套筒、13mm 套筒、6mm 内六角套筒、10mm 开口扳手、冷却系统压力测试仪 1 套、冷却液收集盘、举升机 1 台。

二、实训准备

（1）做好安全防护工作，操作前明确操作方法规程。

（2）结合实训台，正确实施冷却系统密封性检测。

（3）工具、量具选用正确，不得暴力操作。

（4）实施作业过程中要做到 7S。

三、实训步骤

（1）安装压力测试仪：打开膨胀水箱盖，将冷却系统压力测试仪安装到膨胀水箱上。安装时按顺时针方向旋上压力测试仪，旋紧后连接软管的快速插接器。

（2）冷却系统加压：用压力测试仪上的打气筒打气，打至 130kPa±10kPa 的压力（表压）。保持 5min，压力测试仪表压应无明显下降，冷却系统应无泄漏现象，否则应予以修理。

任务评价

任务评价如表 5-1 所示。

表 5-1　任务评价

考核项目	评分标准	分数	学生自评	小组互评	教师评价	小计
团队合作	是否和谐	5				
活动参与	是否积极主动	5				
安全生产	有无安全隐患	10				
现场 7S	是否做到	10				
任务方案	是否正确、合理	15				

续表

考核项目	评分标准	分数	学生自评	小组互评	教师评价	小计
操作过程	场地检查； 高压安全防护； 高压断电与验电； 裸露高压线路包裹； 冷却系统密封性检测	30				
任务完成情况	是否圆满完成作业	5				
工具和设备使用	是否规范、标准	10				
劳动纪律	是否能严格遵守	5				
工单填写	是否完整、规范	5				
总分		100				
教师签字：　　　　年　　月　　日					得分	

任务二　冷却系统拆装与检修

案例导入

　　客户李先生驾驶一辆混合动力汽车来到维修站，反映该车运行中冷却液温度过高警告灯点亮。经过检查发现冷却液面过低，进一步检查发现冷却系统存在泄漏，从而导致发动机散热不良，温度升高。请向客户解释故障原因并排除故障。

知识介绍

一、冷却系统主要零件的拆装与检测

（一）节温器的拆装

　　以国产自主品牌主流混合动力汽车发动机为例，混合动力汽车发动机冷却系统相对复杂，有 2 个节温器，每个节温器有 3 颗固定螺栓，主要通过改变冷却液的循环路线和流量来调节温度。拆卸时首先断开蓄电池负极电缆，然后排空冷却液。如图 5-15 所示，旋下节温器盖上的 6 颗螺栓，拆下节温器盖后便可取下 2 个节温器，安装以相反顺序进行。

（二）节温器的检测

　　蜡式节温器的安全寿命一般为 50 000km 汽车行驶里程，因此要求按其安全寿命定期更换。节温器上有标识注明开启温度，如果所使用的节温器上的标识与发动机维修手册要

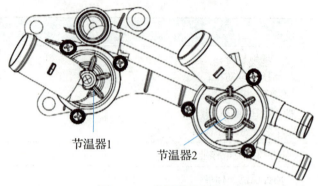

图 5 - 15　节温器的拆装

求的不一致，则更换节温器。节温器的开启温度和开启行程检测如图 5 - 16 所示，节温器1 的初始开启温度为 95℃，全开温度为 110℃；节温器 2 的初始开启温度为 83℃，全开温度为 98℃；节温器 1 和节温器 2 的全开行程为 7～10mm，最大行程为 12mm，如不符合以上要求则应更换。

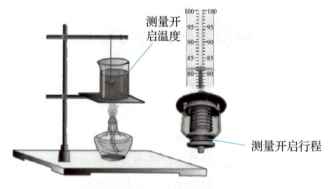

图 5 - 16　节温器的检测

（三）水箱盖和散热器的检测

拆下水箱盖之前应确保发动机以及散热器冷却，以防止烫伤。如图 5 - 17 所示，用冷却液润湿其密封圈，使用压力测试仪配合件将水箱盖装在压力测试仪上，施加 140kPa～160kPa 的压力，检查压力是否下降，如果压力降低，则应更换水箱盖。

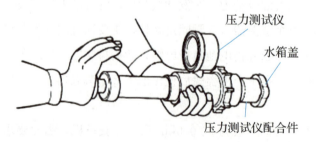

图 5 - 17　水箱盖的测试

散热器的检测应在车辆完全冷却后。图 5 - 18 所示为冷却系统位置索引。分别拆下电机散热器和高、低温散热器，将散热器注满水，然后将水倒出，沥水 5min，将各散热器所有孔口堵死，浸入常温水槽内，散热器内部通以 225kPa 的压缩空气，保压 60s，观察有无漏气现象，即是否产生气泡，若漏气应予以焊修或更换。

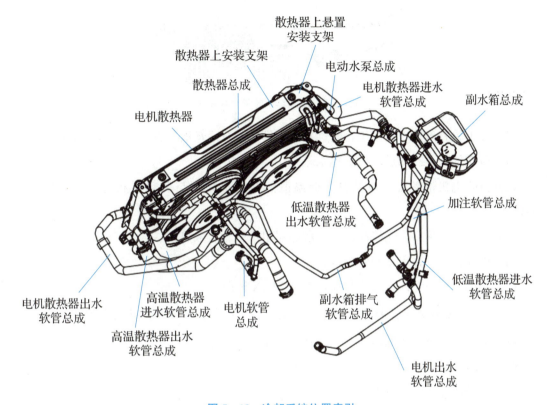

图 5 - 18　冷却系统位置索引

二、冷却液的检查与更换

在进行冷却液的检查与更换之前应首先确保整个冷却系统的密封性，即应对整个冷却系统的冷却管路密封性进行检测。发动机冷却以后，小心地拧下副水箱盖，给系统注入冷却液，直至液位处于 MAX 标记和 MIN 标记之间，如图 5 - 19 所示。

如图 5 - 20 所示，将压力测试仪装在副水箱或散热器上，施加 140kPa～160kPa 的压力，检查各水管端口处冷却液是否泄漏，拆除压力测试仪，然后重新安装副水箱盖。

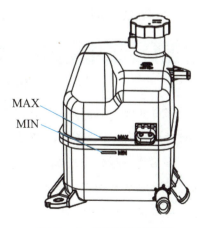

图 5 - 19　冷却液液位检查

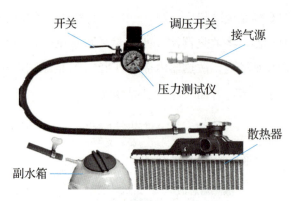

图 5-20 冷却系统的密封性检测

经过以上检查确认冷却系统密封性良好后即可进行冷却液的更换，具体步骤如下：

（1）待车辆完全冷却后，拆除副水箱盖。

（2）拆除电机散热器，以及高、低温散热器出水软管与散热器相连一端，排尽冷却液。

（3）冷却液排尽后，连接高、低温散热器出水软管与散热器。

（4）拆除、排空并重新安装副水箱。

（5）向副水箱中注入指定冷却液，直至 MAX 标记。

⚠ **注意：** 应使用指定冷却液。使用非指定冷却液可能导致零部件腐蚀、管路堵塞，造成冷却系统工作异常或产生故障。

（6）重新加注冷却液，容量约为 11.5L。

（7）较松地安装副水箱盖。

（8）怠速起动车辆并使发动机运转发热，以风扇至少运行 2 次为准。

（9）停车，待车辆冷却后检查副水箱中的液位，如有需要应添加冷却液。

（10）重复（8）和（9），直到不需要补加为止。

（11）旋紧副水箱盖，然后再次起动车辆，检查有无泄漏。

🚗 **汽车的故事**

中国汽车发展——名爵、荣威

名爵（MG）品牌是由南京汽车集团从英国购买的，但很快就卖给了上汽集团。它于 2011 年推出了第一款新车型 MG6，该车型在英国也有销售，中国车企让名爵品牌重获生机。

和名爵一样，上汽拥有罗浮（Rover）品牌的知识产权，但是没有商标，因此推出了荣威品牌作为罗浮品牌的替代。第一款量产车型是原罗浮 75 车型的重新设计版本——荣威 750 车型。

任务实施

一、实训器材

混合动力汽车整车、发动机实训台、维修手册、高压安全防护用具、专用警示标牌、绝缘工具、维修工具、机油压力表、开口扳手、抹布、10mm 梅花扳手、13mm 梅花扳手、活动扳手、棘轮扳手、L 形接杆、可调扭力扳手、接杆、鲤鱼钳、7mm 套筒、8mm套筒、10mm 套筒、13mm 套筒、6mm 内六角套筒、10mm 开口扳手、冷却系统压力测试仪 1 套、冷却液收集盘、举升机 1 台。

二、实训准备

（1）做好安全防护工作，操作前明确操作方法规程。

（2）结合实训台，正确实施冷却液检查与更换。

（3）正确实施冷却系统密封性检测。

（4）工具、量具选用正确，不得暴力操作。

（5）实施作业过程中要做到 7S。

三、实训步骤

检查确认冷却系统密封性良好后即可进行冷却液的检查更换。

（1）打开水箱盖。注意必须在发动机水温冷却后进行，以防烫伤。

（2）拆除电机散热器以及高、低温散热器出水软管与散热器相连一端，排尽冷却液。

（3）连接高、低温散热器出水软管与散热器。

（4）排空副水箱残留冷却液。

（5）向副水箱中注入新的冷却液至合适液面高度。注意务必使用指定冷却液。

（6）向冷却系统加注约 11.5L 新的冷却液。

（7）预安装副水箱盖，不可拧得过紧。

（8）起动车辆并使发动机运转发热，以风扇至少运行 2 次为准。

（9）停车，待车辆冷却后检查副水箱中的液位，如有需要应添加冷却液。

（10）重复（8）和（9）直到不需要补加为止。

（11）旋紧副水箱盖，然后再次起动车辆，检查有无泄漏。

任务评价

任务评价如表5-2所示。

表5-2　任务评价

考核项目	评分标准	分数	学生自评	小组互评	教师评价	小计
团队合作	是否和谐	5				
活动参与	是否积极主动	5				
安全生产	有无安全隐患	10				
现场7S	是否做到	10				
任务方案	是否正确、合理	15				
操作过程	场地检查； 高压安全防护； 高压断电与验电； 裸露高压线路包裹； 冷却液检查与更换	30				
任务完成情况	是否圆满完成作业	5				
工具和设备使用	是否规范、标准	10				
劳动纪律	是否能严格遵守	5				
工单填写	是否完整、规范	5				
总分		100				
教师签字：　　　　年　　月　　日					得分	

| 项目小结 |

本项目围绕混合动力汽车发动机冷却系统展开，主要介绍了冷却系统相关知识，应系统了解冷却系统的作用、组成、冷却油路；掌握冷却系统主要零部件的构造、工作原理及装配关系；详细介绍了冷却系统拆装与检修，应掌握冷却系统的拆装要点、主要部件的检查维修和装配调整方法。通过系统的学习，同学们应该从知识、能力、素养三个方面提升个人综合能力。

| 同步练习 |

一、填空题

1. 发动机的冷却方式一般有（　　）和（　　）两种。

2. 发动机冷却液的最佳工作温度一般是（　　　）℃。

3. 冷却液的流向与流量主要由（　　　）来控制。

4. 水冷却系统冷却强度主要通过（　　　）来调节。

5. 散热器芯的结构有（　　　）和（　　　）两种。

二、判断题

1. 发动机在使用中，冷却液的温度越低越好。（　　　）

2. 风扇工作时，风是向散热器方向吹的，这样有利于散热。（　　　）

3. 任何水都可以直接作为冷却液加注。（　　　）

4. 采用具有空气阀和蒸汽阀的散热器盖后，冷却液的工作温度可以提高至 100℃ 以上而不发生"开锅"现象。（　　　）

5. 发动机工作温度过高时，应立即打开散热器盖，加入冷水。（　　　）

6. 蜡式节温器失效后，发动机易出现过热现象。（　　　）

7. 蜡式节温器的弹簧具有顶开节温器阀门的作用。（　　　）

三、选择题

1. 使冷却液在散热器和水套之间进行循环的水泵旋转部件叫作（　　　）。

A. 叶轮　　　　　　　　　　B. 风扇

C. 壳体　　　　　　　　　　D. 水封

2. 节温器中使阀门开闭的部件是（　　　）。

A. 阀座　　　　　　　　　　B. 石蜡感应体

C. 支架　　　　　　　　　　D. 弹簧

3. 冷却系统中提高冷却液沸点的装置是（　　　）。

A. 水箱盖　　　　　　　　　B. 散热器

C. 水套　　　　　　　　　　D. 水泵

4. 水泵泵体上溢水孔的作用是（　　　）。

A. 减少水泵出水口工作压力

B. 减少水泵进水口工作压力

C. 及时排出向后渗漏的冷却液，保护水泵轴承

D. 便于检查水封工作情况

5. 如果节温器阀门打不开，发动机将会出现（　　　）的现象。

A. 温升慢　　　　　　　　　B. 热容量减少

C. 不能起动　　　　　　　　D. 怠速不稳定

四、简答题

1. 水泵的作用是什么？

2. 发动机温度过高或过低有哪些危害？

3. 简述蜡式节温器的工作原理。

学习目标

知识目标：(1) 掌握燃油系统的组成及作用。

(2) 了解高压喷油器的种类及作用。

(3) 掌握喷油器控制电路工作原理。

(4) 了解高压燃油泵结构、作用及工作原理。

(5) 掌握燃油压力传感器的结构及作用。

能力目标：(1) 能够完成高压燃油压力的检测。

(2) 能够完成喷油器的清洗。

(3) 能够完成喷油器及线路的检测。

(4) 能够完成高压泵的检测及更换。

(5) 能够完成燃油压力传感器及线路的检测。

素养目标：(1) 养成认真负责的工作态度，具有良好的职业道德。

(2) 养成安全生产意识，树立规范生产的意识。

(3) 培养善于沟通的人际交往能力。

(4) 具备一定的心理分析能力，能够做到换位思考。

(5) 通过任务实施培养自身的工匠精神。

知识框架

```
                              ┌─ 发动机电控系统认知
混合动力汽车发动机 ─────┼─ 发动机传感器和执行器检修
电控系统检修                  └─ 发动机电控系统故障诊断
```

| 建议学时 |

18 个学时。

| 项目情境 |

客户李先生驾驶一辆混合动力汽车来到维修站，反映该车运行中发动机故障警告灯点亮。请根据电控系统相关知识对车辆进行检查，向李先生解释电控系统的工作过程及故障原因。

任务一　发动机电控系统认知

案例导入

客户李先生驾驶一辆混合动力汽车来到维修站，反映该车运行中发动机故障警告灯点亮，经过检查发现传感器及线路故障，从而导致发动机故障警告灯点亮。请向客户解释故障原因并排除故障。

知识介绍

一、缸内直喷式燃油喷射系统

缸内直喷式燃油喷射系统（以下简称缸内直喷系统）与传统进气歧管燃油喷射系统的不同之处在于：缸内直喷系统是在压缩接近上止点时将燃油直接喷入气缸内部，燃油在极短的时间内吸收气缸内的热量迅速汽化形成可燃混合气；而传统进气歧管燃油喷射系统是将燃油喷射在进气歧管内，在进气歧管内形成可燃混合气，然后被吸入发动机。两种不同燃油喷射方式的示意图如图 6-1 所示。

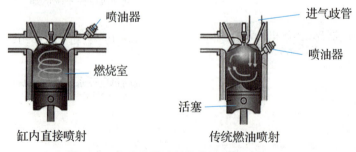

图 6-1　缸内直接喷射与传统燃油喷射方式

由于压缩接近上止点时气缸内的压力相对进气歧管的压力更高，因此缸内直喷系统需要比传统燃油喷射系统更高的压力。提高燃油系统的压力是实现缸内直喷的关键，为此，系统特设有高压燃油系统。高压燃油系统由高压燃油泵、高压喷油器、燃油压力传感器、燃油分配管等组成，如图 6-2 所示。进气凸轮轴驱动高压油泵，高压油泵将来自燃油箱的低压燃油加压后泵送至燃油分配管，燃油再经高压喷油器喷射到燃烧室内，瞬间与高速流动的空气混合，形成雾化更好的可燃混合气，为燃烧做好准备。

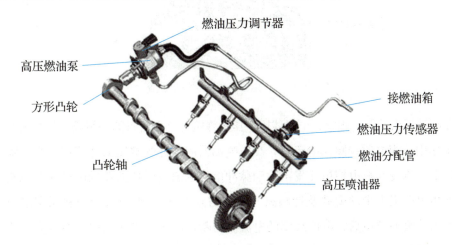

图 6-2 高压燃油系统

（一）高压喷油器

因为实现燃油缸内直喷需要较高的燃油压力，所以系统采用相比传统喷油器更耐高压的高压喷油器。高压喷油器有单孔式和多孔式之分，分别如图 6-3 和图 6-4 所示。相比而言，多孔式喷油器雾化效果较好，喷雾区域较大。

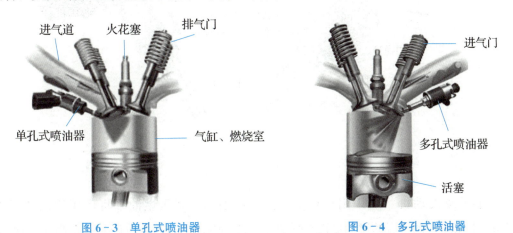

图 6-3 单孔式喷油器　　　　　图 6-4 多孔式喷油器

高压喷油器安装于气缸盖上的喷油器安装孔内，如图 6-5 所示，高压喷油器的前端探入燃烧室，根据工作需要适时地将燃油喷入气缸内，在气缸内部快速形成可燃混合气。

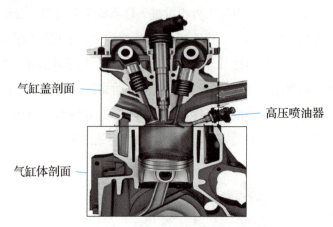

图 6-5　高压喷油器的安装位置

高压喷油器由针阀、阀座、电磁线圈、压力弹簧、O形密封圈等组成，其结构如图 6-6 所示。工作中，当电磁线圈无电流时，高压喷油器内的针阀被压力弹簧压在高压喷油器出口处阀座上，当发动机电控单元发出喷油脉冲信号接通高压喷油器的电磁线圈电路时，电磁线圈产生电磁吸力带动衔铁及针阀离开阀座约 0.1mm，燃油从针阀和阀座之间的精密出油孔喷出。喷油结束后，电磁线圈的电流被切断，电磁力迅速消失，在压力弹簧的作用下针阀迅速回位，阀门关闭，高压喷油器停止喷油。

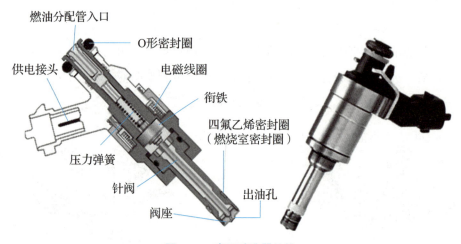

图 6-6　高压喷油器结构

（二）高压燃油泵

缸内直喷发动机一般采用单柱塞式高压燃油泵，高压燃油泵将低压燃油加压至 40bar～150bar，加压后的燃油输送至燃油分配管，由燃油分配管分配到各个高压喷油器。燃油分配管的内部容积设计得足够大，可以补偿在喷油时产生的轻微的压力波动，从而降低压力波动对喷油量的影响。

高压燃油泵由柱塞、燃油压力调节阀、泵室、进油阀、壳体等组成，其结构如图 6-7 所示；其外观如图 6-8 所示。

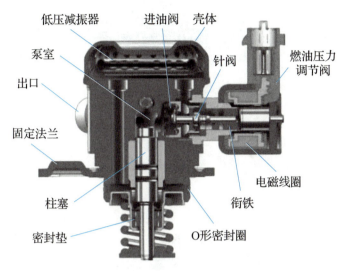

图 6-7　高压燃油泵结构

图 6-8　高压燃油泵外观

高压燃油泵的工作过程可分为进油、回油、供油三个阶段，由凸轮轴上的油泵凸轮来进行驱动。

进油过程中，泵室内的燃油压力近似等于低压系统内的压力，进油阀在针阀弹簧力的作用下打开，随着高压燃油泵柱塞向下运动，泵室的容积增大，燃油流入泵室。进油过程如图 6-9 所示。

回油过程中，泵柱塞向上运动，进油阀处于打开状态，泵室内的油压近似于低压系统的油压。随着泵柱塞继续向上运动，泵室内过多的燃油被压回低压系统，以此来调节实际供油量，回油在系统中产生的液体脉动低压减振器的作用下衰减。回油过程如图 6-10 所示。

供油时，电控单元根据需要油量计算出泵的供油起始行程，控制燃油压力调节阀电磁阀线圈，针阀受到电磁力的作用带动进油阀向左运动至进油阀关闭，隔断低压油腔和泵

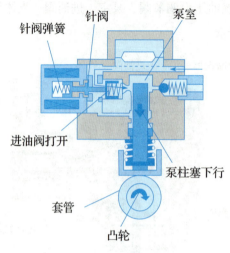

图 6-9　进油过程

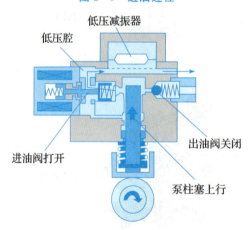

图 6-10　回油过程

室，此时泵柱塞上行，压缩泵室容积，燃油压力升高，出油阀被高压燃油顶开，泵室内的燃油泵入燃油分配管。供油过程如图 6-11 所示。

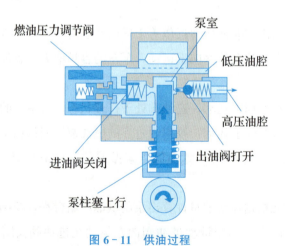

图 6-11　供油过程

（三）燃油压力传感器

燃油压力传感器安装于燃油分配管上，用于测量高压燃油系统的燃油压力。发动机电控单元根据燃油压力传感器信号控制燃油压力调节阀来调节高压燃油压力，从而实现燃油压力的反馈控制。燃油压力传感器由传感器元件应变电阻、集成电路、接触桥片、壳体等组成，其内部结构及外观如图6-12所示。

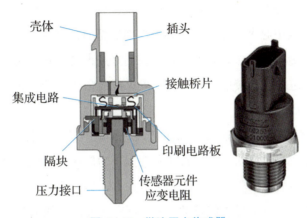

图6-12　燃油压力传感器

二、点火系统

电控点火系统主要对点火提前角、通电时间及爆燃三个方面进行控制。点火提前角是指从火花塞起火的瞬间开始，到该缸活塞运行至压缩上止点时曲轴转过的角度。点火提前角对发动机的影响如图6-13所示。若点火提前角过大，活塞向上止点移动过程中与气体

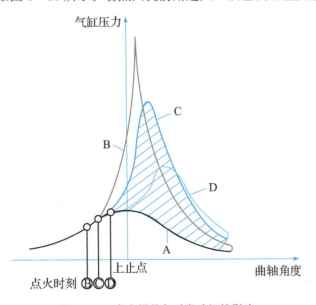

图6-13　点火提前角对发动机的影响

相互冲击，造成压力升高率增大，容易促成爆燃；若点火提前角过小，燃烧过程的速燃期延续至膨胀阶段，燃烧最高压力和温度下降，由于活塞下行顶部以上的容积变大导致传热损失增多，排气温度升高，发动机表现出发闷、无力。最佳点火提前角除保证发动机的动力性和燃料的经济性外，还必须保证排放污染最小。发动机工况不同，需要的最佳点火提前角也不相同。

燃油在气缸内的燃烧过程是分阶段进行的，从点火开始到最高燃烧压力出现要经过起火延迟期和速燃期，其中起火延迟期过渡到速燃期所需的时间变化不大，如果需要速燃期出现在活塞做功行程最有利的位置，就必须要控制好点火提前角。实验证明，活塞在上止点后的 $10°\sim15°$ 对促进曲轴旋转最有利。最佳点火提前角受发动机转速、负荷、混合气浓度和燃料性质等多种因素影响。

点火提前角应随着发动机转速的升高而增大。发动机转速的提高、混合气扰流加强、燃烧时间缩短，会使燃烧过程所占的曲轴转角变大。为保证发动机气缸内的最高压力点出现在活塞运行至上止点后的 $10°\sim15°$，就务必增大点火提前角。与采用机械离心提前器的点火系统相比，电控点火系统可以使发动机的实际点火提前角接近理想点火提前角。转速对点火提前角的影响如图 6-14 所示。

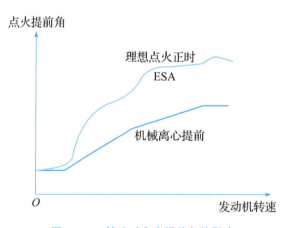

图 6-14 转速对点火提前角的影响

燃油发动机的负荷调节是通过节气门进行的，随着负荷的减小，进气管的真空度增大，进气量会减少，气缸内的温度和压力均降低，燃烧速度变慢，燃烧过程所对应的曲轴转角会变大，这时应适当增大点火提前角。与采用真空提前器的点火系统相比，电控点火系统可以使发动机的实际点火提前角接近理想点火提前角。负荷对点火提前角的影响如图 6-15 所示。

燃油的辛烷值越高，抵抗燃烧过程中爆燃的能力越强，点火提前角可以适当增大，以提高发动机的性能；辛烷值较低的燃油，抵抗爆燃的能力相对较差，点火提前角则应减小。

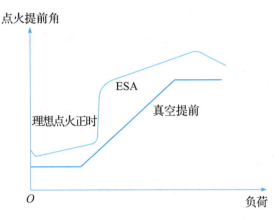

图 6-15　负荷对点火提前角的影响

接近最佳点火提前角，还应考虑燃烧室的形状、燃烧室内的温度、空燃比、大气压、水温等因素，电控单元根据以上相应的信号做出计算，在各种工况和运行条件下，保证接近理想的点火提前角，从而使发动机的动力性、经济性、排放性得到优化提升。

（一）点火系统的类型

1. 有分电器微机控制点火系统

有分电器微机控制点火系统的特点是只有一个点火线圈。电控单元（ECU）根据各传感器的信号确定某缸点火时，向点火器发出指令信号。点火器根据 ECU 的指令控制点火线圈内初级电路通电或断电。当点火线圈中的初级电路断电时，次级线圈产生的高压电经分电器输送给点火缸的火花塞，以实现点火。分电器的主要作用是按照发动机的点火顺序，将点火线圈产生的高压电依次送给各缸的火花塞，进行工作缸的排序。有分电器微机控制点火系统的组成如图 6-16 所示。

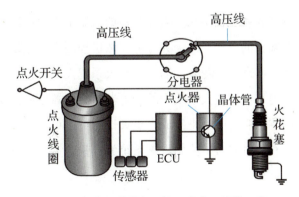

图 6-16　有分电器微机控制点火系统的组成

有分电器微机控制点火系统主要传感器的功能如下：

（1）凸轮轴/曲轴位置传感器。

检测凸轮轴和曲轴的位置，并向 ECU 输送 G 信号和曲轴位置传感器的信号（Ne 信号），以便控制点火正时。同时，ECU 还根据 Ne 信号确定发动机的转速，以便确定基本点火提前角。

（2）空气流量传感器（或进气管绝对压力传感器）。

检测并向 ECU 输送进气量信号，因为进气量反映发动机的负荷状态和发动机的转速信号并将其作为控制计算基本点火提前角的主要依据。

（3）冷却液温度传感器。

检测并向 ECU 输送冷却液的温度信号，用于修正点火正时。

（4）节气门位置传感器。

检测并向 ECU 输送节气门的开度信号以及开启的速率，以便 ECU 根据发动机的负荷对点火提前角进行控制。急加速时发动机处于非稳定工况，此时 ECU 对点火正时采用过度控制（点火提前角先变小，然后随着发动机转速上升而变大）。

（5）起动开关。

检测发动机的工作状态，向 ECU 输送发动机正在起动的信号，是发动机起动时对点火进行控制的主控信号。

（6）空调开关。

检测空调系统的工作状态，向 ECU 输送空调正在工作的信号，用于发动机怠速时对点火提前角的修正。

（7）车速传感器。

检测并向 ECU 输送车速信号，用于对点火提前角的修正。

2. 无分电器微机控制点火系统

无分电器微机控制点火系统是指在点火控制器的控制下点火线圈的高压电按照一定的点火顺序直接加到火花塞上的点火系统。无分电器微机控制点火系统能够将点火线圈产生的高压电不经过配电器直接送到火花塞，因此该点火系统又叫直接点火系统。无分电器微机控制点火系统彻底取消了传统点火系统中的分电器，分电器原有的功能（断电、配电和点火提前）由电子控制装置和传感器来完成，点火性能更加可靠。无分电器微机控制点火系统的点火线圈数量比有分电器微机控制点火系统的数量要多。无分电器微机控制点火系统的组成如图 6-17 所示。

无分电器微机控制点火系统与有分电器微机控制点火系统的工作原理及各元件的功能基本相同，不同的是无分电器微机控制点火系统具有电子配电功能，即在发动机工作时，ECU 除向点火器输出点火控制信号外，还必须输送 ECU 内存储的判别气缸的信号，以控制多个点火线圈的工作顺序，按做功顺序完成各缸点火的控制。

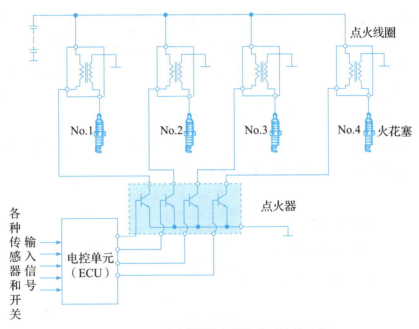

图 6-17　无分电器微机控制点火系统的组成

　　根据点火线圈的数量和高压电的分配方式不同，无分电器微机控制点火系统又可以分为单独点火方式、同时点火方式和二极管配电点火方式三种类型。

　　（1）单独点火方式。

　　无分电器单独点火系统如图 6-18 所示。该系统由德国博世公司于 1893 年研制，其特点是每缸一个点火线圈，即点火线圈的数量与气缸的个数相等。

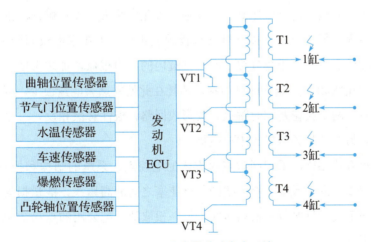

图 6-18　无分电器单独点火系统

　　由于每缸都有各自独立的点火线圈，因此即使发动机转速很高，点火线圈也有较长的通电时间或较大的闭合角，可以提供足够高的点火能量。与有分电器微机控制点火系统相比，在发动机转速和点火能量相同的情况下，无分电器单独点火系统单位时间内通过点火线圈初级电路的电流要小得多，点火线圈不容易发热，而且点火线圈的体积也可以做得很小，一般直接将点火线圈压装在火花塞上，优化了整个点火系统的布置。

无分电器微机控制点火系统取消了分电器和高压线，点火性能较好，但其结构和控制电路变得相对复杂。

（2）同时点火方式。

无分电器同时点火系统如图6-19所示。其特点是两个活塞同时到达上止点位置的气缸共用一个点火线圈，即点火线圈的数量等于气缸数的一半。

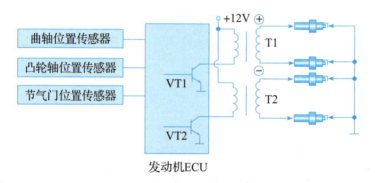

图6-19　无分电器同时点火系统

以四缸发动机为例，1、4缸，2、3缸的活塞同时到达上止点，称为同位缸。两个同位缸共用一个点火线圈，两个缸的火花塞与所共用的点火线圈的次级线圈是串联的，当点火线圈初级电路断电时，一个气缸接近压缩行程的上止点，因缸内压力高、燃油密度大、绝缘能力强、不易放电，跳火电压高、火花强，火花塞跳火可以点燃该缸的混合气，本次点火称为有效点火；另一个气缸接近排气行程的上止点，火花塞电极间的跳火不起作用，此次点火称为无效点火。处于排气终了时，气缸内的压力很低，加之温度高、废气中导电离子较多，其火花塞2kV～3kV即可击穿，消耗在此处的点火能量很少，因此不影响压缩终了点火的能量。两个火花塞同时跳火，要形成回路，极性必然相反，一个从火花塞中央电极到旁电极，另一个从旁电极到中央电极。

与单独点火方式相比，采用同时点火方式的电控点火系统的结构和控制电路较简单，所以应用也比较多。由于保留了点火线圈与火花塞之间的高压线，能量损失略大。有的车型同时点火的两个气缸只保留一根高压线，另一根取消，把公用的点火线圈直接压装在另一缸的火花塞上。

（3）二极管配电点火方式。

二极管配电点火方式如图6-20所示。其特点是四个气缸共用一个点火线圈，点火线圈的结构不同于一般点火线圈，其内部装有两个初级线圈、两个输出的次级线圈，利用四个高压二极管的单向导电性交替完成对1、4缸和2、3缸的配电过程。

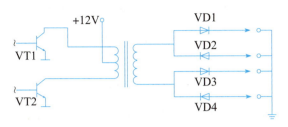

图 6 - 20　二极管配电点火方式

二极管配电点火方式的特性与同时点火方式相同，但对点火线圈要求较高，而且发动机的气缸数必须是数字 4 的整倍数，所以在应用上受到了一定的限制。

（二）点火提前角控制

电控单元根据各传感器输入的信号，从存储器中选出基本点火提前角，根据各参数对其进行修正，然后根据曲轴位置和上止点位置传感器输入的信号判断活塞在气缸中的位置，适时控制大功率三极管截止，使初级电流中断，火花塞点火。

影响基本点火提前角的主要因素是发动机的转速和负荷。通过模拟试验可以获得各工况下的基本点火提前角，这些数据被存储在电控单元的存储器中，电控单元根据发动机转速和负荷信号，从存储器中找出基本点火提前角，根据其他传感器信号对基本点火提前角进行修正，即可获得最佳点火提前角。实际点火提前角的控制模式因汽车厂家品牌不同存在差异。

1. 日产汽车发动机电控系统（ECCS）点火提前角工况控制模式

正常行驶时，电控单元根据节气门位置传感器怠速触点打开的信号或加速踏板位置信号做出判断，确认车辆正常行驶模式。这时实际点火提前角等于基本点火提前角与水温修正系数的乘积。基本点火提前角由电控单元根据发动机转速和负荷信号从存储器中获得。水温修正系数由电控单元根据水温传感器信号确定。

怠速及减速时，电控单元根据节气门位置传感器怠速触点闭合信号或加速踏板位置信号确认车辆怠速及减速模式。电控单元根据发动机的转速、水温及车速信号来控制点火提前角的大小。当发动机水温在 50℃ 以下、车速不大于 8km/h、发动机转速在 1 200r/min 以上时，点火提前角几乎保持在上止点前 10°。其目的是推迟点火，使发动机和催化器尽快达到正常工作温度。

起动时，电控单元根据转速信号和起动信号确定起动工况，此时，由于发动机的进气量和转速波动较大，无法调节点火提前角，点火提前角为固定值。一般水温在 0℃ 时，点火提前角为 16°，水温在 0℃ 以下时，根据水温传感器信号适当地增加点火提前角。特殊情况下，当起动转速低于 100r/min 时，为防止点火后发动机反转，点火提前角应根据起动转速的下降而适当降低，此时，实际点火提前角＝正常起动时的点火提前角×起动转速/100。

2. 丰田汽车发动机电控系统（TCCS）点火提前角工况控制模式

如图 6‑21 所示，实际点火提前角＝初始点火提前角＋基本点火提前角＋修正点火提前角。

初始点火提前角也称为固定点火提前角，其值为上止点前 10°，采用 TCCS 系统的发动机，在下列情况下实际点火提前角为固定点火提前角：当发动机起动时，发动机转速变化大，无法确定点火提前角；当发动机转速在 400r/min 以下时；当 TDCL 端头短路或节气门位置传感器怠速触点闭合时，或当车速在 2km/h 以下时；当发动机 ECU 启用备用功能时。

基本点火提前角存储在电控单元存储器中，它分为怠速时的基本点火提前角和平常行驶时的基本点火提前角两种。

怠速时的基本点火提前角如图 6‑22 所示，其值仅根据空调系统是否工作而略有不同。空调工作时基本点火提前角为 8°，不工作时其值为 4°。怠速时打开空调实际点火提前角从上止点前 14°增加到 18°，其作用是防止空调负荷使发动机怠速运转不稳定。

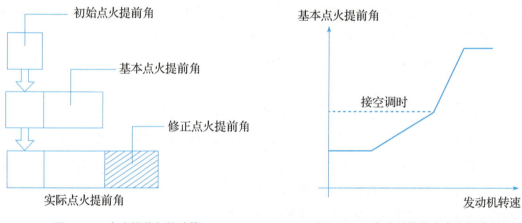

图 6‑21　点火提前角的计算　　　　图 6‑22　怠速时的基本点火提前角

车辆正常行驶时，基本点火提前角的数值由电控单元根据发动机的转速和负荷从电控单元存储器中检索，选出最佳点火提前角，如图 6‑23 所示。

初始点火提前角加上基本点火提前角所得点火提前角，必须根据相关因素进一步修正，主要的修正项目包括水温修正、怠速稳定修正、空燃比反馈修正、爆燃修正。

水温修正又可分为暖机修正和过热修正，暖机修正是指节气门位置传感器怠速触点闭合时，电控单元根据发动机水温修正点火提前角，当水温较低时，必须增大点火提前角，这样可以提高燃烧的温度和压力，以促使发动机尽快暖机，如图 6‑24 所示。过热修正指冷却液温度较高时为避免发动机过热，点火提前角相应减小，如图 6‑25 所示，图中横坐标为发动机冷却液温度。

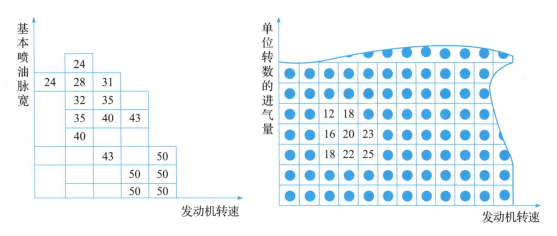

图 6-23　正常行驶时的基本点火提前角

注：图中数值为点火提前角。

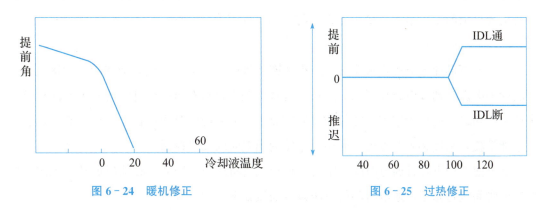

图 6-24　暖机修正　　　　　图 6-25　过热修正

　　息速稳定修正是指随着息速转速的上下变动而改变点火提前角。息速稳定修正如图 6-26 所示，图中横坐标为发动机波动转速。当空调工作时，电控单元通过发动机转速传感器、节气门位置传感器、车速传感器和空调开关信号检测到发动机转速下降，用目标转速减去实际转速得出转速下降值，在存储器中检索修正点火提前角数据，使发动机在息速时稳定运转，有效防止发动机息速熄火。

　　空燃比反馈修正是指电控单元根据氧传感器的反馈信号对空燃比进行修正，随着修正喷油量的增加和减少，发动机的转速会在一定范围内发生波动。为了提高发动机转速的稳定性，在反馈修正喷油量减少时，点火提前角应适当增大，这样可以在一定范围内提高发动机的燃烧压力，与喷油量的减少形成互补从而稳定转速。空燃比反馈修正如图 6-27 所示。通过空气流量计后漏气试验，氧传感器检测到混合气稀，增加喷油量，此时读点火提前角数据流，观察点火提前角的变化情况来验证空燃比反馈修正功能是否正常。

　　爆燃修正是通过点火系统的闭环控制功能实现的，电控单元通过曲轴和凸轮轴位置传感器确定某缸存在爆燃时，实际的点火提前角会快速推迟，不爆燃时再缓慢提前。

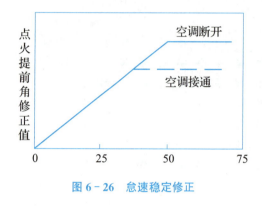

图 6-26　怠速稳定修正

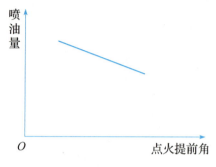

图 6-27　空燃比反馈修正

实际点火提前角是上述三项点火提前角之和。曲轴每旋转一圈，电控单元计算并输出一次点火提前角的调整数据。当传感器测出发动机的转速和负荷有变化时，电控单元对当前的点火提前角数据进行刷新。电控单元计算出的实际点火提前角超过最大或最小点火提前角的允许值时，以最大或最小点火提前角的允许值进行调整。

（三）通电时间控制

对于电感储能式电控点火系统，点火线圈初级电流是按指数规律增加的。初级电路切断瞬间的电流与初级电路接通的时间长短有直接关系，只有当初级电路的通电时间达到一定值时，初级电流达到饱和才能保证可靠的点火。如果通电时间过长，点火线圈发热会增大电能消耗，因此必须对点火线圈初级电路的通电时间加以控制。

蓄电池电压下降且通电时间一定时，初级电流将减小，因此，必须根据蓄电池的电压对通电时间进行修正，通电时间的电压修正曲线如图 6-28 所示。

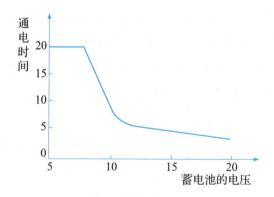

图 6-28　通电时间的蓄电池电压修正曲线

在传统的点火系统中，分电器轴上的凸轮控制断电器触点的开闭，分电器凸轮的轮廓自然就决定了断电器触点的闭合角，一般 4 缸发动机的闭合角为 50°、6 缸发动机的为 38°、8 缸发动机的为 33°，闭合角约等于 360°/气缸数×（60～70）％。点火线圈初级线圈通电的时间取决于断电器触点的闭合角和发动机的转速。若断电器触点的闭合角是一定的，点火线圈初级电路的通电时间会随发动机转速的提高而缩短，发动机高转速时点火能量下降，点火系统的可靠性随之下降，目前，传统点火系统已被电控点火系统取代。

在电控点火系统中，凸轮轴位置传感器、曲轴位置传感器和晶体管开关取代了传统点火系统中的断电器和分电器中的凸轮，取消了分电器。点火线圈初级电路的通电时间由电控单元控制，其控制模型如图6-29所示，闭合角控制模型存储在电控单元中，电控单元根据发动机转速信号和电源电压信号确定最佳的闭合角，并输出控制信号，从而控制通电时间。随着发动机转速的提高和电源电压的下降，闭合角加大。

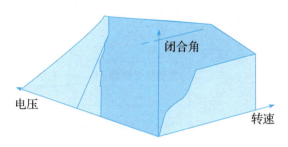

图6-29　通过闭合角控制通电时间模型

（四）爆燃控制

爆燃是指火花塞在燃烧室中心跳火，火焰以正常传播速率向周围推进，处于最远位置的混合气在压缩终点温度的基础上进一步受到压缩、热辐射的作用，混合气的温度不断升高，在正常火焰尚未到达时终燃混合气已经出现了很多个火焰中心，这些火焰中心以100m/s～300m/s至800m/s～1 000m/s的速度传播，迅速使终燃混合气燃烧完毕，在气缸内形成强烈的压力波，往往此时压力波会与活塞上行的压缩力量相互撞击，发出尖锐的敲缸声音，严重时会破坏气缸壁表面的润滑油膜，造成传热增加，气缸盖和活塞顶部温度升高，时间稍长水温会升高、发动机功率下降、油耗增加，甚至导致活塞、气门烧坏，轴瓦破裂，火花塞绝缘体开裂，润滑油氧化成胶质，活塞环卡死在环槽内等故障。

点火提前角是影响爆燃的主要因素之一，减小点火提前角是消除爆燃最有效、最迅速的措施。在电控点火系统中，电控单元根据爆燃传感器的信号判定有无发生爆燃及爆燃的强度，并根据判定结果对点火提前角进行反馈控制，使发动机处于爆燃的边缘，既有效地防止爆燃的发生，又有效地提高了发动机的动力性和经济性，爆燃控制实际是点火提前角控制的追加功能。

爆燃控制过程如图6-30所示。爆燃传感器安装在气缸体上，其功用是利用压电晶体的压电效应，把爆燃信号输送给电控单元，电控单元判定是否为真实的爆燃及爆燃的强度。有爆燃时，逐渐减小点火提前角，直到爆燃消失为止；无爆燃时，逐渐增大点火提前角。爆燃控制过程就是对点火提前角进行反复调整的过程。

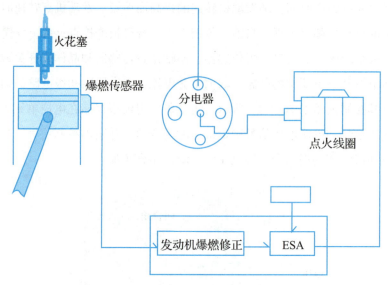

图 6-30　爆燃控制过程

发动机负荷较小时，发生爆燃的倾向几乎为零，电控点火系统采用开环控制模式，发动机负荷超过一定值时，电控点火系统自动转入闭环控制模式。

（五）点火系统组成与原理

1. 基本组成

电控点火系统简称为 ESA。电控点火系统的组成如图 6-31 所示，一般由电源、传感器、电控单元（ECU）、点火控制器、点火线圈、火花塞等组成。早期点火系统带有分电器，现在分电器装置已被淘汰，目前多数电控点火系统 ECU 和点火控制器已集成一体。

电源一般由蓄电池和发电机共同组成，主要是为点火系统提供电能，起动时由蓄电池提供，起动后由发电机提供。

传感器主要用于检测发动机各种运行参数的变化，为 ECU 提供点火控制所需的各种信号依据，主要包括凸轮轴位置传感器、曲轴位置传感器、爆燃传感器、空气流量传感器或进气管绝对压力传感器、节气门位置传感器和冷却液温度传感器等。

爆燃传感器是点火系统所独有的，它能为点火系统实现闭环控制提供反馈信号。爆燃传感器的作用是检测发动机有无爆燃及爆燃的强度，向 ECU 提供爆燃信号。

爆燃传感器检测发动机有无爆燃及爆燃的强度可以通过检测发动机振动、气缸压力、燃烧噪声来实现。检测气缸压力的传感器安装困难，而且耐久性差，检测噪声的方法灵敏度和精度都不够，因此一般采用检测发动机振动的方法来判断有无爆燃及爆燃的强度。

爆燃传感器按照外观可以分为带电缆的和不带电缆的两种。爆燃传感器按照结构原理不同分为电感式爆燃传感器和压电式爆燃传感器。其中压电式爆燃传感器又分为压电式共振型爆燃传感器、压电式非共振型爆燃传感器和压电式火花塞座金属垫型爆燃传感器三种。

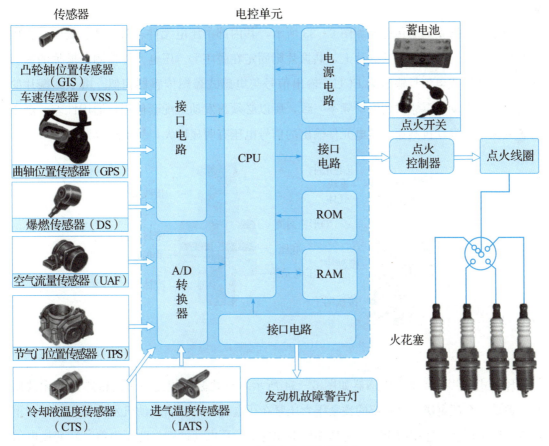

图 6 - 31　电控点火系统的组成

电感式爆燃传感器结构如图 6 - 32 所示。其组成包括铁心、永磁体、线圈及外壳等。电感式爆燃传感器利用电磁感应原理检测发动机爆燃。当发动机发生爆燃时，铁心受到振动而使线圈磁通发生变化，从而产生感应电动势。当传感器的固有振动频率与发动机爆燃时的振动频率相同时，传感器输出的信号电压最大。

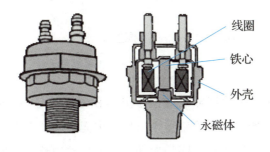

图 6 - 32　电感式爆燃传感器结构图

压电式爆燃传感器利用压电效应的原理来检测发动机的爆燃。与其他压电式传感器一样，必须配合一定的电压放大器或电荷放大器，将信号放大并将高阻抗输入变换为低阻抗输出。

压电式共振型爆燃传感器如图6-33所示，其内部由压电元件、共振片、底座、壳体等组成。压电元件紧贴在共振片上，共振片则固定在底座上。压电元件检测共振片的振动压力，并转换成电信号输送给ECU，输出信号与电感式爆燃传感器相似。由于共振片的固有频率与发动机爆燃时的振动频率一致，所以必须与发动机配套使用，通用性差。爆燃时，共振片与发动机共振，压电元件输出的信号电压有明显增大，易于测量。

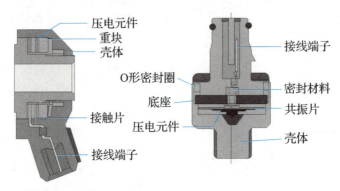

图6-33　压电式共振型爆燃传感器

压电式非共振型爆燃传感器如图6-34所示。与共振式相比，非共振式内部无共振片，但设一个配重块，以一定的预紧压力压紧在压电元件上。当发动机发生爆燃时，配重块以正比于振动加速度的交变力施加在压电元件上，压电元件则将此压力信号转变成电信号输送给ECU。

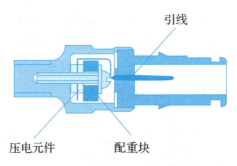

图6-34　压电式非共振型爆燃传感器

压电式非共振型爆燃传感器输出的信号电压在爆燃时与不爆燃时没有明显的增加，爆燃是否发生是靠滤波器检测出传感器输出信号中无爆燃频率来识别的，爆燃信号的提取比较复杂。但此种传感器用于不同的发动机时，只需调整滤波器的频率范围，通用性较强。

压电式火花塞座金属垫型爆燃传感器如图6-35所示，目前应用较少。

火花塞

爆燃传感器

图 6 - 35　压电式火花塞座金属垫型爆燃传感器

ECU 是点火系统的指挥中心，它接收各传感器的信号，计算出最佳点火提前角并发出指令。

点火控制器是电控点火系统的执行元件，它将电子控制系统输出的点火信号进行功率放大后驱动点火线圈工作。

点火线圈可以将火花塞跳火所需的能量存储在线圈磁场中，并将电源提供的低压电转变成足以击穿火花塞间隙的 15kV～20kV 的高压电。

火花塞的作用是将点火线圈所产生的高压电引入发动机燃烧室，并在其电极间产生电火花，点燃缸内混合气。火花塞的结构如图 6 - 36 所示。中心电极用镍铬合金制成，具有良好的耐高温、耐腐蚀性能，导电玻璃起密封作用。火花塞的间隙多为 0.6～0.8mm，但当采用电子点火时，间隙可增大至 1.0～1.2mm。燃烧室内火花塞绝缘体的工作温度不应低于 500℃，以确保火花塞的自净能力，也不应高于 850℃，以防止自燃的发生。

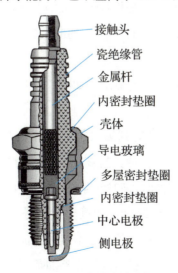

接触头
瓷绝缘管
金属杆
内密封垫圈
壳体
导电玻璃
多屋密封垫圈
内密封垫圈
中心电极
侧电极

图 6 - 36　火花塞的结构

2. 工作原理

发动机工作时，ECU 接收到各传感器信号，按存储器中存储的有关程序和相关数据，确定当前工况下最佳点火提前角和通电时间，并发出指令。点火控制器根据指令控制点火线圈初级电路的导通与截止，当电路导通时，初级线圈有电流流过，此时点火线圈将点火能量以磁场的形式存储起来；当初级电路断开时，次级线圈 15kV～20kV 高电压，送到工作气缸的火花塞部位，点火能量经火花塞间隙产生放电火花，将气缸内的可燃混合气点燃，使发动机进入做功状态。具有爆燃控制功能的电控点火系统中，ECU 根据爆燃传感器信号判断发动机有无爆燃及爆燃的强度，对点火提前角进行闭环控制。

在点火系统和电控燃油喷射系统中，一个要求点火正时、一个要求喷油正时，其控制精度要求 ECU 能够检测出 1°的曲轴转角。目前发动机最高转速在 6 000r/min 以上，发动机转过 1°的曲轴转角所需的时间相当短，要进行这样精确的计时控制，电控燃油喷射系统除了具备能检测活塞上止点位置的凸轮轴位置传感器、检测曲轴转角的曲轴位置传感器，还必须有能进行高速运算的 ECU。在点火系统当中，用凸轮轴位置传感器产生的 G 信号和曲轴位置传感器产生的 Ne 信号作为主要的控制信号，以 G 信号为开始计时的基准，按每 1°曲轴转角进行分频，用既定的曲轴转角产生点火控制信号。

（1）曲轴和凸轮轴位置的确定：凸轮轴位置传感器产生的 G 信号和曲轴位置传感器产生的 Ne 信号是点火正时控制的两个非常重要的定位信息。G 信号即计数的基准点信号，指的是活塞运行到上止点位置的判别信号，它是根据凸轮轴位置传感器产生的信号经过整形和转换而获得的脉冲信号。G 信号的周期用 720°除以气缸数可以求出，对应的曲轴转角为各缸的做功间隔角。G 信号在点火系统中用来确定控制基准和判别气缸。G 信号发生时一般不是活塞处于上止点的位置，而是相对于各缸的上止点位置提前某一角度。

Ne 信号是 ECU 计算出的曲轴每转 1°所用的时间，用于精确地确定 G 信号后点火线圈初级电路通电与断电的时刻。

磁电式曲轴位置和凸轮轴位置传感器结构如图 6－37 所示。磁电式曲轴位置和凸轮轴位置传感器电路连接如图 6－38 所示。

ECU 从收到一个 G 信号开始计时到第二次收到 G 信号，这期间 ECU 判定曲轴转过720°，这时 Ne 信号产生 24 个信号脉冲，折算成曲轴转角为 30°。曲轴转两圈所用的时间除以 24 得到了每个脉冲所用的时间，该时间除以 30 得到的时间即为 1°信号。

（2）点火提前角的确定：ECU 综合发动机转速信号、发动机负荷信号，从存储器中选出最适当的点火提前角，该点火提前角为基本点火提前角。基本点火提前角经过水温传感器信号、怠速触点信号、氧传感器反馈信号、外加负荷信号、爆燃传感器的信号等进行修正。为便于分析，以下假设当前工况最佳点火提前角为 30°。

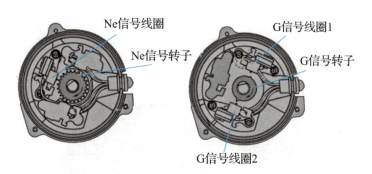

图 6 - 37　磁电式曲轴位置和凸轮轴位置传感器结构

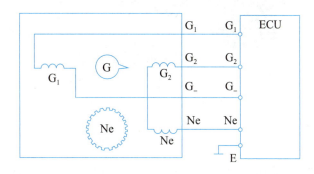

图 6 - 38　磁电式曲轴位置和凸轮轴位置传感器电路连接图

1）计数基准点的确定：因点火在压缩上止点前发生，为便于控制，凸轮轴 G 信号出现在压缩上止点前 72°，该信号即为计数基准点。

2）一缸点火提前角的控制：以一缸压缩上止点前 72°为基准，ECU 开始累计倒数 42 个 1°信号后，控制点火线圈初级绕组截止，此时恰好是上止点前 30°点火。

3）多缸顺序点火的控制：以 4 缸发动机点火顺序 1-3-4-2，点火间隔角 180°为例，在完成了一缸的点火后，一缸压缩上止点前 72°信号出现的瞬间，距三缸压缩上止点的曲轴转角为 180°＋72°＝252°。若点火提前角不变，ECU 在一缸压缩上止点前 72°信号出现后，累计计数 222 个 1°信号后开始点火，依此类推。

不同的车系，点火提前角的控制思路大同小异，先算出当前工况下最佳的点火提前角，再等计数基准点信号的出现，然后开始累计倒数 1°信号，这样即可实现精确到 1°的精确点火。

三、进气系统

进气系统的功用是向发动机提供适量的、清洁的空气，同时对空气质量进行直接或间接地计量，从而实现空燃比符合要求的可燃混合气。

（一）进气系统的组成和分类

进气系统主要由空气滤清器、进气测量装置、怠速控制装置、进气节流装置及进气增压装置等组成，如图 6-39 所示。

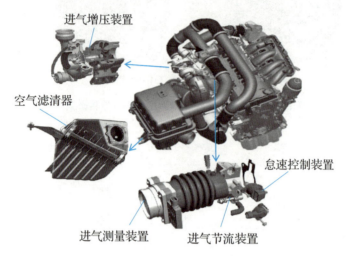

图 6-39　进气系统的组成

进气系统根据进气量测量方式不同可分为质量密度型（L 型）和速度密度型（D 型）。质量密度型和速度密度型在电控发动机中应用较为广泛，质量密度型进气系统主要由空气滤清器、空气流量传感器、节气门总成、进气歧管等部件组成；速度密度型进气系统主要由空气滤清器、进气压力传感器、节气门总成、进气歧管等部件组成。

（二）进气歧管绝对压力传感器

进气歧管绝对压力传感器，简称进气压力传感器（MAP）。进气歧管绝对压力传感器安装在进气歧管上，传感器的取样压力应从进气歧管上压力波动较小的位置通过真空软管选取。有的车型将传感器安装在进气稳压箱上，进气口直接伸入稳压箱内，所以传感器上没有连接软管。进气歧管绝对压力传感器如图 6-40 所示。

图 6-40　进气歧管绝对压力传感器

进气歧管绝对压力传感器的主要功用是依据发动机的节气门开度和转速等的变化测出进气歧管内绝对压力的变化，将压力信号转换成电压信号输送到电控单元，电控单元将该信号转换成进气量信号，此信号是决定喷油器基本喷油量和点火提前角的重要依据。

各类型汽车采用的进气歧管绝对压力传感器的结构（见图6－41）大同小异，主要由硅膜片、真空室、混合集成电路、真空管和接线端子等组成。

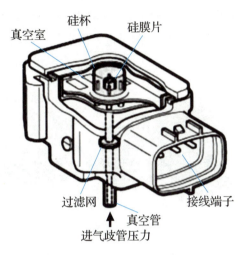

图6－41　进气歧管绝对压力传感器结构

常见的进气歧管绝对压力传感器有两种，一种是膜盒式，另一种是应变仪式。下面以应变仪式进气歧管绝对压力传感器为例，介绍其工作原理。

物体在承受应力作用而变形时，长度发生变化，电阻也会随着变化，应变仪式进气歧管绝对压力传感器是根据此原理设计的。如图6－42所示，应变仪式进气歧管绝对压力传感器的主要元件是一个很薄的硅膜片，其外围较厚，中间最薄。硅膜片上下两面各有一层二氧化硅膜。在膜层中沿硅膜片四边有四个传感器电阻（压敏电阻），这四个电阻连接成桥式电路。在硅膜片四角各有一个金属块，通过导线与电阻相连。硅膜片下部有一真空管与进气管相通。当进气歧管压力变化时，硅膜片随之发生变形，此时传感器电阻的阻值随之发生相应的变化，使桥式电路输出正比于进气压力的电压信号，电控单元根据该信号即

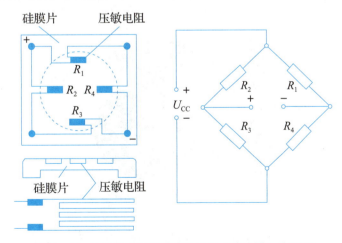

图6－42　应变仪式进气歧管绝对压力传感器工作原理

可测出进气歧管的压力。这种传感器不受较大范围温度变化的影响。

（三）空气流量传感器

空气流量传感器（见图6-43），简称空气流量计（MAF），安装在空气滤清器和节气门之间的进气管上。空气流量传感器用于测量进入发动机气缸的空气流量，并将此流量信号传送给ECU。空气流量信号是ECU决定喷油量和点火正时的基本信号之一。

防尘罩　测量元件
插头
插接器

图6-43　空气流量传感器

空气流量传感器按检测空气流量的参数不同，可以分为体积流量型和质量流量型；按结构不同，可以分为翼板式、卡门涡流式和热线式（或热膜式）。翼板式和卡门涡流式属于体积流量型传感器，必须同时检测进气温度才能计算出空气流量质量；热线式（或热膜式）属于质量流量型传感器，可直接测出空气流量质量。目前普遍采用热线式（或热膜式）空气流量传感器。下面以热线式空气流量传感器为例，介绍它的结构和工作原理。热膜式空气流量传感器与热线式空气流量传感器结构原理类似。

热线式空气流量传感器结构如图6-44所示。在其进气管内的取样管中有一根铂丝（即热线），通电后发热。当发动机起动后，空气流过铂丝周围，使其热量散失，温度下降，与铂丝相连的桥式电路将改变电流，以保持铂丝温度恒定，即当空气流量变化时，流过铂丝的电流也随之发生变化。将这种变化转化成电压或频率信号输入ECU，即可测得实际的空气流量。

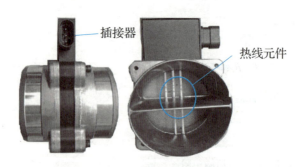

插接器
热线元件

图6-44　热线式空气流量传感器结构

桥式电路原理如图6-45所示。在恒温差控制电路中，发热元件电阻R_H和温度补偿电阻（即进气温度传感器）R_K分别连接在四等电桥的两个臂上。当发热元件的温度高于进气温度时，电桥电压才能达到平衡。加热电流为 50mA～120mA，由具有电流放大作用的控制电路 A 控制，其目的是使发热元件的温度与温度补偿电阻的温度之差保持恒定。当气流流经发热元件时，发热元件温度降低，阻值减小，电桥电压失去平衡，控制电路将增大供给发热元件的电流，使其温度高于温度补偿电阻。电流增量的大小取决于发热元件冷却的程度，即取决于流过传感器的空气量。当电桥电流增大时，取样电阻 R_A 上的电压就会升高，从而将空气流量的变化转换为信号电压 U 的变化。信号电压输入 ECU 后，ECU 便可根据信号电压的高低计算出空气流量的大小。

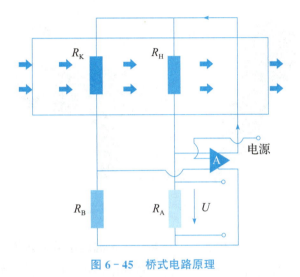

图 6-45　桥式电路原理

热线式空气流量传感器的前后端均装有防护网，前面的用于进气整流，后面的可以防止发动机回火把铂丝烧坏，这种流量传感器的热线和进气温度传感器都安装在主气道中的取样管内，故称为主通式热线空气流量传感器。另一种是将热线绕在陶瓷芯管上，并置于旁通气道内，称为旁通式热线空气流量传感器。这两种流量传感器均具有污物自洁功能。前者在发动机熄火后，ECU 能自动将热线加热至 1 000℃，时间约 1s，从而烧掉黏附在热线上的尘埃，如图 6-46 所示；后者工作时，其控制电路能始终保持热线的温度比大气温度高出 200℃，以防止污物黏附。

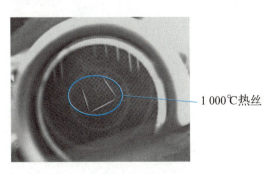

1 000℃热丝

图 6-46　自洁功能

有些车型采用热膜式空气流量传感器，其发热体不是热线而是热膜，即固定在树脂薄膜上的热电阻膜片，其测量原理与热线式空气流量传感器基本相同，采用热膜式结构的发热体不像热线式那样直接承受空气的作用，因此使用寿命较长。

（四）进气温度传感器

进气温度传感器通常安装在进气管路中、空气流量传感器内或进气歧管绝对压力传感器内，其功用是将进气温度信号变换为电信号输入发动机 ECU，用于修正喷油量。进气温度传感器如图 6 - 47 所示。

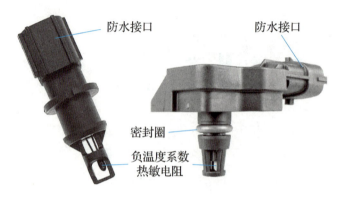

图 6 - 47　进气温度传感器

进气温度传感器是双线的传感器，内部是一个负温度系数的热敏电阻，根据温度变化产生不同的信号电压，温度升高时阻值下降，信号电压也下降。在冷车时进气温度传感器的信号电压与水温传感器的信号电压基本相同，在热车时进气温度传感器的信号电压是水温传感器的 2～3 倍。水温传感器同进气温度传感器原理一样，在此不再赘述。进气温度传感器电路图，如图 6 - 48 所示。

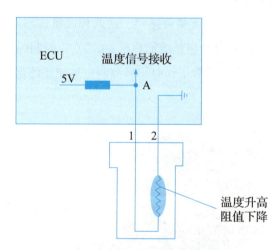

图 6 - 48　进气温度传感器电路图

（五）直动式节气门怠速控制系统

直动式节气门怠速控制系统取消了旁通空气通道，通过控制节气门的开启角度，调节空气通路的截面来控制进气量，实现对怠速的控制。

直动式节气门主要由节气门电机、减速机构、应急弹簧等组成，如图 6-49 所示。怠速时 ECU 直接控制节气门电机的正反转和转动量，节气门电机驱动齿轮减速机构精确地控制节气门的开度，达到控制怠速进气量和怠速的目的。节气门控制组件中的怠速节气门电位计检测怠速时节气门的开度，正常值为 3°～4°，怠速时打开空调 5°～6°，并把信号送到 ECU。ECU 把节气门实际的开度与目标开度进行对比，当出现偏差时通过节气门电机进行调节。节气门电位计检测非怠速时的节气门开度。

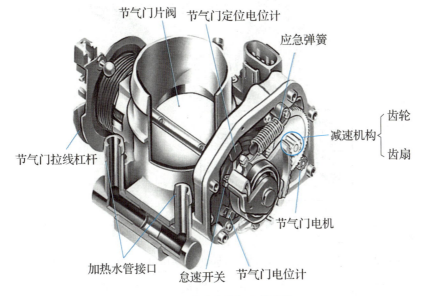

图 6-49　直动式节气门的结构

（六）电子节气门控制系统

目前，电子节气门控制系统应用非常广泛，其取代了传统机械拉索式节气门系统。电子节气门控制系统用 ECU 控制节气门快速精确地定位，可以根据驾驶员的需求以及行驶状况确定节气门的最佳开度，保证车辆运行过程中的动力性和燃油经济性都达到最佳。电子节气门控制系统可以方便地实现牵引力控制、巡航控制等控制功能，提高安全性和乘坐舒适性。

电子节气门控制系统由带加速踏板位置传感器的加速踏板模块、电控单元（ECU）、故障指示灯等部件组成，如图 6-50 所示。

加速踏板模块（见图 6-51）内具有两个加速踏板位置传感器，两个加速踏板位置传感器均为滑动触点电位计结构，安装在同一根轴上，加速踏板位置传感器 2 中串联了一个

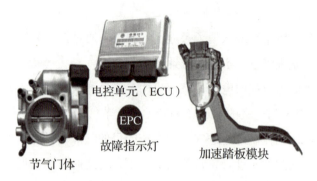

图 6 - 50　电子节气门的组成

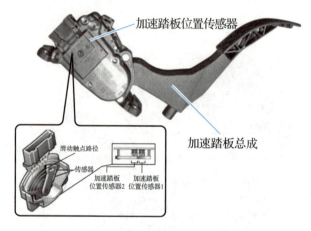

图 6 - 51　加速踏板模块

电阻。两个加速踏板位置传感器均由 ECU 提供统一的工作电压，加速踏板位置改变，电位计阻值也发生线性变化，由此产生反映加速踏板下踏量大小和变化速率的电压信号输送给 ECU。加速踏板传感器信号如图 6 - 52 所示。采用两个传感器的作用是监测并确保信号的正确性，出于安全考虑，每个传感器都有单独的电源、信号线和接地线。

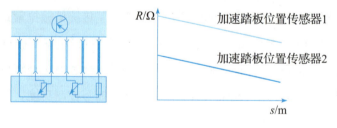

图 6 - 52　加速踏板传感器信号

当一个传感器失效时，电子节气门控制系统监测到只有一个加速踏板信号，启动怠速运转模式很慢，同时系统还通过制动灯开关和制动踏板开关信号来判别怠速状态。此时舒适系统被关闭，故障指示灯点亮，故障存储器内存储有故障码。当两个传感器都失效时，发动机在 1 500rpm 左右运行，踩加速踏板时发动机无反应，同样故障指示灯点亮，故障存储器内存储有故障码。

电子节气门带集成电路的罩盖内部有两个节气门角度位置传感器和节气门定位电机等部件，如图 6‑53 所示。

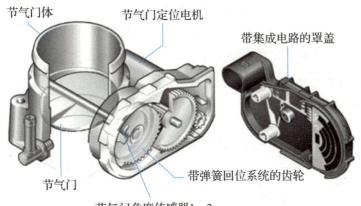

图 6‑53　电子节气门结构

两个节气门角度传感器向发动机 ECU 提供节气门位置信号。与加速踏板位置传感器类似，两个传感器都是滑动触点电位计，安装在同一根轴上，由 ECU 提供数值相同的基准电压。当节气门位置发生变化时，角度传感器内的电位计阻值也随之线性地改变，由此产生相应的电压信号输送给 ECU，该电压信号反映节气门开度大小和变化速率。

两个传感器的信号曲线是相反的，如图 6‑54 所示。信号在测量数据块中是以百分比来表示的。传感器两两反接，实现阻值的反向变化，即两个传感器阻值变化量之和为零。对两个传感器施加相同的电压，两者输出的电压信号也相应反向变化，且其和始终等于供电电压。

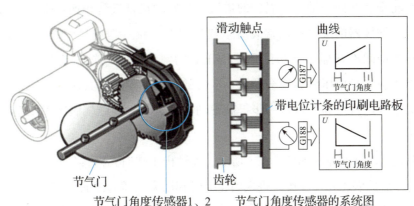

图 6‑54　节气门角度传感器

装用两个传感器是为了精确和备用。当一个传感器失效，系统使用另一个传感器信号，对加速踏板的响应不变，巡航功能关闭，故障指示灯点亮，故障存储器存储故障码。当两个信号同时中断，发动机转速维持在 1 500r/min 左右运行，踩加速踏板时发动机无反应，故障指示灯点亮，故障存储器存储故障码。

节气门定位电机一般选用直流电动机，根据发动机 ECU 发出的指令经过两级齿轮减速来调节节气门开度，节气门可无级地定位调节，如图 6-55 所示。当节气门定位电机出现故障，弹簧回位系统把节气门设置在紧急运行位置，车辆只能在高怠速状态下行驶并且功能受到限制，电子节气门控制系统的故障指示灯点亮，舒适系统功能被关闭。节气门控制模块电路如图 6-56 所示。

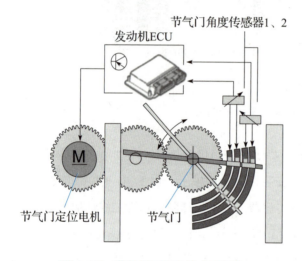

图 6-55　节气门两级齿轮减速调节

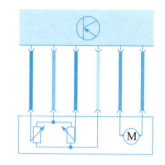

图 6-56　节气门控制模块电路

（七）废气涡轮增压系统

废气涡轮增压系统主要由废气涡轮机和空气增压器两部分组成。废气涡轮机和空气增压器的叶轮安装在同一轴上，涡轮的进气口与发动机排气管相连，排气口与排气消声器相连；空气增压器的进气口前端装有空气滤清器，排气口则经中冷器与进气管相连。中冷器全称为中间冷却器，其功用是使增压后的空气进入气缸前冷却，以降低进气温度。这是因为空气经增压后温度会升高，空气的密度并不能随其压力成正比增加，适当对增压后的空气进行冷却，可进一步提高发动机的进气量。废气涡轮增压系统结构图如图 6-57 所示。

废气涡轮增压基本原理如图 6-58 所示。发动机工作时，由排气管排出的高温、高压废气流经增压器的涡轮壳，在废气进入涡轮壳时利用废气通道截面的变化由大到小地提高废气的流速，使高速流动的废气按一定方向冲击涡轮，并带动空气增压器叶轮一起旋转。空气增压器叶轮的转速很高，可达每分钟上万转甚至数十万转。经空气滤清器滤清后的空

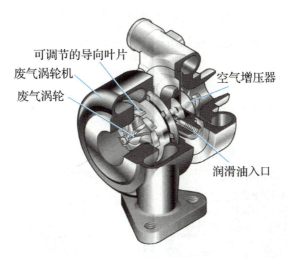

图 6 - 57 废气涡轮增压系统结构图

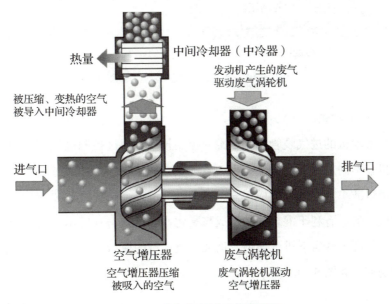

图 6 - 58 废气涡轮增压基本原理

气被吸入空气增压器壳，旋转的空气增压器叶轮将进入空气增压器壳的空气甩向叶轮边缘排气口，使空气的压力和流速升高，并利用空气增压器排气口处通道截面的变化由小到大地进一步提高空气压力，增压后的空气经中冷器和进气管进入气缸。

废气涡轮增压系统中设置进、排气旁通阀，这是调节增压压力最简单、成本最低而又十分有效的方法。控制膜盒中的膜片将膜盒分为上、下两个室，上室为空气室，经连通管与空气增压器出口相通；下室为膜片弹簧室，膜片弹簧作用在膜片上，膜片通过连动杆与排气旁通阀连接。当空气增压器排气口压力（即增压压力）低于限定值时，膜片在膜片弹簧的作用下上移，并带动连动杆将排气旁通阀关闭；当增压压力超过限定值时，增压压力克服膜片弹簧力，推动膜片下移，并带动连动杆将排气旁通阀打开，使部分排气不经过涡轮机直接排放到大气中，从而达到控制增压压力及涡轮机转速的目的。废气涡轮增压系统工作原理如图6-59所示。

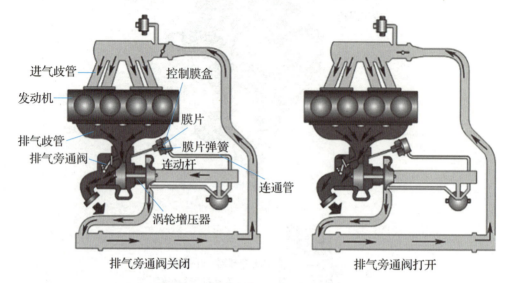

图6-59　废气涡轮增压系统工作原理

（八）进气歧管翻板控制机构

缸内直喷发动机的进气歧管采用了翻板控制技术，通过控制进气歧管翻板的开闭，可以满足发动机在不同工况下的进气需求。发动机在低速工况时，通过进气歧管翻板关闭下进气通道，可以减小气流通过的横截面，增加气流流速，结合活塞顶的特殊设计，有效形成强烈的进气涡流，有利于混合气的形成与雾化，如图6-60所示。当发动机进入高速工况时，进气歧管翻板开启下进气通道，增大气流通过的横截面，以获得更多进气，提高发动机的输出功率，如图6-61所示。

图6-60　进气歧管翻板关闭

图6-61　进气歧管翻板打开

进气歧管翻板将进气道分成了上进气道和下进气道，进气歧管翻板关闭时，下进气道关闭，上进气道打开；进气歧管翻板打开时，上、下进气道都打开。发动机进气歧管翻板在低速时关闭，在大约3 000r/min时打开。

四、排放系统

（一）氧传感器

氧传感器是电子控制燃油喷射系统进行反馈控制（即闭环控制）的传感器，安装于排气管上。在这种控制方式中，利用氧传感器检测尾气中氧分子的浓度，并将其转换成电压信号输入发动机电子控制单元。

尾气中氧分子的浓度与进入发动机的混合气成分有关。当混合气太稀时，尾气中氧分子的浓度较高，氧传感器便产生一个低电压信号；当混合气太浓时，尾气中氧分子的浓度低，氧传感器将产生一个高电压信号。发动机电子控制单元根据氧传感器的反馈信号，不断地修正喷油量，使混合气成分始终保持在最佳范围内。

通常氧传感器和三元催化转换器同时使用，由于后者只有在混合气的空燃比接近理论空燃比的狭小范围内净化效果才最好，因此，在此种情况下，发动机电子控制单元必须根据氧传感器的反馈信号，控制混合气的空燃比，使其更接近于理论空燃比。

1. 氧化锆式氧传感器

汽车发动机排放系统采用的氧传感器分为氧化锆式和氧化钛式两种类型。目前在汽车发动机上普遍采用氧化锆式氧传感器，下面介绍其结构和工作原理。

（1）氧化锆式氧传感器结构。

氧化锆式氧传感器又分为加热型与非加热型氧传感器两种，现代发动机上普遍采用加热型氧传感器，如图6-62所示。它的特点是在较低的排气温度下仍能保持工作，使用寿命可大于160 000km。

图6-62 加热型氧化锆式氧传感器

氧化锆式氧传感器内部结构如图6-63所示，主要由铂电极元件、陶瓷电解质、接线端子等部件组成。

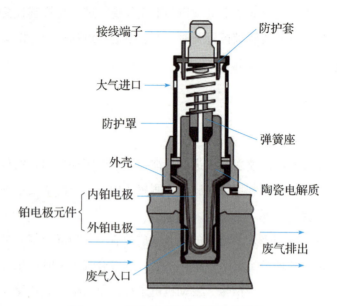

图 6 – 63　氧化锆式氧传感器内部结构

（2）氧化锆式氧传感器工作原理。

氧化锆式氧传感器工作原理如图 6 – 64 所示。

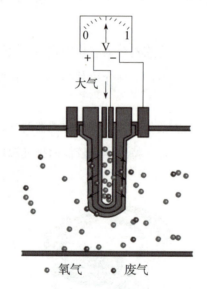

图 6 – 64　氧化锆式氧传感器工作原理

　　氧传感器是按固态电解质的氧浓差原电池原理制成的。发动机工作时，陶瓷锆管的内表面与大气相通，外表面被尾气管中排出的废气包围，两边的氧浓度相差悬殊。当温度较高时，锆管内、外表面上存在氧浓度差，氧气发生电离，内表面大气侧氧浓度高，带负电荷的氧离子从大气一侧向尾气一侧扩散，使锆管固态电解质成了一个微电池，内表面带正电，成为正极；外表面带负电，成为负极。在锆管两电极间产生电位差，该电位差便是氧传感器的输出信号电压。信号电压的高低取决于锆管内表面大气、外表面尾气之间氧的浓度差。由于大气中的含氧量比较稳定，所以信号电压的高低实质上取决于尾气中氧的含量。当混合气稀时，尾气含氧较多，两侧的浓度差小，只产生很小的电压；当混合气浓时，尾气含氧较少，加上铂电极的催化作用，两侧的浓度差急剧增大，两电极间的电压便突然增大，如图 6-65 所示。

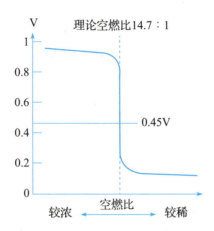

图 6-65　氧化锆式氧传感器输出特性

氧传感器产生的信号电压在过量空气系数 $\lambda=1$ 时产生突变。当 $\lambda>1$，混合气稀时，氧传感器输出信号电压小于 0.1V 并接近于零；当 $\lambda<1$，混合气浓时，氧传感器输出信号电压接近 1V。因此，氧传感器又称为"λ"传感器。氧传感器相当于一个混合气浓稀开关。不同的氧传感器，其输出特性有一些差异。

氧传感器产生的电信号输入发动机 ECU 后，在 ECU 输入电路中，氧传感器信号电压与基准电压 0.45V 进行比较。当信号电压比基准电压高时，判定为混合气过浓；当信号电压比基准电压低时，判定为混合气过稀。ECU 借此可修正喷油时间，以使空燃比保持在理论值附近的一个狭小范围内。

当氧传感器工作正常时，输出电压在高电平 0.9V 与低电平 0.1V 之间变动的频率为每 10s 至少 10 次。

氧化锆式氧传感器能正常输出反映混合气浓度的电压信号必须满足三个条件：发动机温度高于 60℃；氧传感器自身温度高于 300℃；发动机工作在怠速工况和部分负荷工况。

2. 前后双氧传感器

车载自诊断系统为了监测三元催化转换器的转化效率，一般都设有两个氧传感器，除在三元催化转换器的前端安装一只氧传感器外，还在三元催化转换器的后端安装一只氧传感器。一般称前者为主氧传感器、前氧传感器或上游氧传感器，称后者为副氧传感器、后氧传感器或者下游氧传感器。

前后双氧传感器的功用是监测三元催化转换器的转化效率，如果三元催化转换器工作正常，后氧传感器的信号波动明显很小。随着转化效率的降低，尤其在三元催化转换器老化之后，后氧传感器的信号波动幅度及频率明显增大，如图 6-66 所示。ECU 在特定工况下，通过比较前后两个氧传感器的信号波形，就可以判断三元催化转换器的功能是否正常。通常，当后氧传感器的信号波形与前氧传感器的信号波形接近时，表示三元催化转换器已经失效。

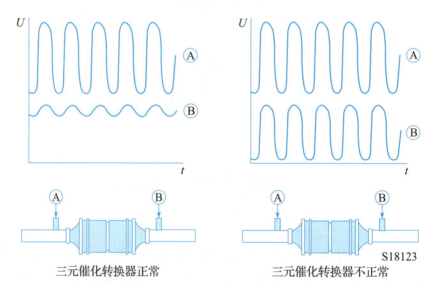

图 6-66　氧传感器检测信号波形对比
A-前氧传感器；B-后氧传感器

通过测试三元催化转换器出口的含氧量，修改前氧传感器的电压目标值，可以微调发动机的空燃比。前氧传感器的作用是维持空燃比在 14.7：1，但由于发动机、排气系统和三元催化转换器的变化，会使空燃比稍有偏离。采用了后氧传感器后，前氧传感器的目标值可以在一定范围内波动。如果三元催化转换器出口的氧含量太多，ECU 将增加混合气中的燃油，使三元催化转换器出口的氧含量减少；反之，如果三元催化转换器出口的氧含量太少，ECU 将减少混合气中的燃油，使三元催化转换器出口的氧含量增加。前、后氧传感器并不是在所有车辆上都配备。

3. 宽量程氧传感器

从氧化锆式氧传感器和氧化钛式氧传感器的输出特性可以看出，当混合气浓度为理论空燃比时，其输出的信号电压由低到高或由高到低发生突变；当混合气浓度大于或小于理论空燃比时，输出的信号电压变化微弱，ECU 难以识别。因此，采用普通的氧化锆式氧传感器和氧化钛式氧传感器，ECU 只能根据其信号定性地判断混合气浓度比理论空燃比大或小，而无法定量确定混合气浓度。在废气中氧浓度较高的电控柴油机以及采用稀薄燃烧技术的电控汽油机上，采用普通氧传感器一般难以达到降低排放污染的预期目的，为此现代汽车上开始使用一种新型的宽量程氧传感器。

宽量程氧传感器具有如下优点：能在 λ 为 0.7～2.2 的宽范围内精确地给出连续的特性曲线，如图 6-67 所示；响应时间小于 100ms；结构紧凑结实；具有良好的抗老化、腐蚀、沉淀、中毒等能力；对路面冲击不敏感；具有双层保护套管；使用寿命大于 160 000km。

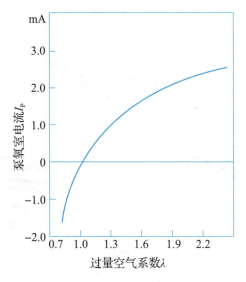

图 6-67　宽量程氧传感器特性曲线图

宽量程氧传感器的外形尺寸比普通的氧传感器仅大几毫米，内部结构如图 6-68 所示。

宽量程氧传感器能够在较宽的空燃比范围内检测尾气中的氧浓度。宽量程氧传感器由普通氧化锆式氧传感器扩展而来，具有氧化锆式氧传感器的特性，即当氧离子移动时会产生电动势，反之，若将电动势加在氧化锆组件上，则会造成氧离子的移动。

宽量程氧传感器装有氧化锆参考电池，其功用是感知通过扩散小孔进入测量室的废气中的氧浓度，并在内、外两电极之间产生电动势 U_s。氧化锆泵电池则相当于一个单元泵（氧气泵），通过给其输入泵电流，将废气中的氧通过扩散小孔泵入测量室，再经扩散通道泵入扩散室；或将扩散室中的氧经扩散通道泵回测量室，再经扩散小孔泵出。ECU 的功用则是力图使扩散室内的氧浓度保持不变，即保持氧化锆参考电池产生的电动势 U_s 为 0.45V 的平衡状态。宽量程氧传感器工作原理如图 6-69 所示。

当混合气较浓，废气中的氧浓度较小时，氧化锆参考电池将产生高于 0.45V 的电动势，单元泵以原来的工作电流工作，泵入扩散室的氧量少。此时 ECU 增大单元泵的工作电流，使单元泵旋转速度增加，增加泵氧速度，单元泵泵入扩散室中的氧量增加，使氧传感器电压值恢复到 0.45V。混合气较浓时宽量程氧传感器的工作过程如图 6-70 所示。

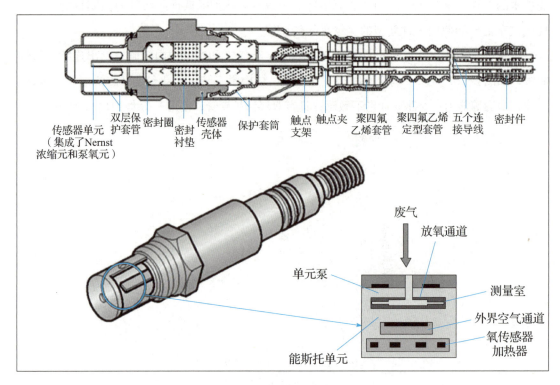

图 6 - 68　宽量程氧传感器内部结构

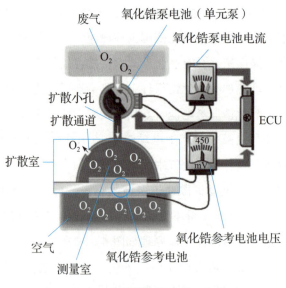

图 6 - 69　宽量程氧传感器工作原理

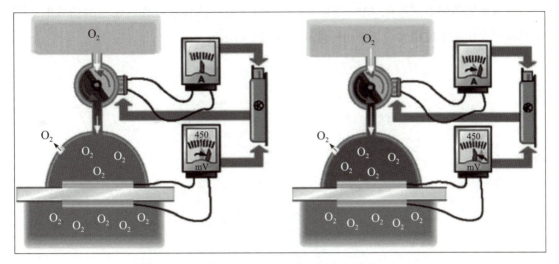

图 6 - 70　混合气较浓时宽量程氧传感器的工作过程

当混合气较稀，废气中的氧浓度较大时，单元泵在原来的转速下会泵入较多的氧，扩散室中氧的含量较多，氧传感器电压值下降。此时加大喷油量，同时减小单元泵的工作电流。为能使氧传感器电压值尽快恢复到 0.45V 的电压值，减小单元泵的工作电流，使泵入扩散室的氧量减少。单元泵的工作电流传递给 ECU，ECU 将其折算成电压值信号。工作过程如图 6 - 71 所示。

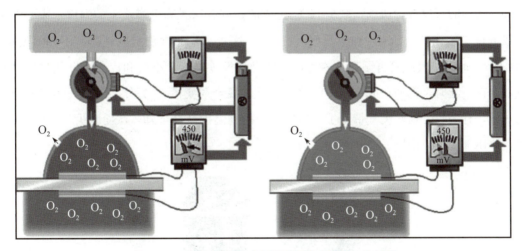

图 6 - 71　混合气较稀时宽量程氧传感器的工作过程

随废气中的氧浓度变化，氧化锆参考电池产生的电动势 U_s 变化，而要使 U_s 保持在为 0.45V 的平衡状态，所需的泵电流也随之成正比变化，通过控制器将变化的泵电流信号转换成连续变化的电压信号 U_o（0～5V），ECU 根据此电压信号即可确定混合气的实际浓度。

宽量程氧传感器能够在（10～20）:1的空燃比范围内连续工作，输出的信号电压随空燃比增大而成正比增大，其输出特性如图6－72所示。

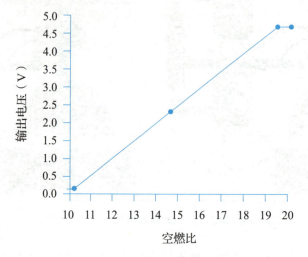

图6－72　宽量程氧传感器的输出特性

（二）排气再循环系统

排气再循环系统，简称EGR系统，用于减少废气中氮氧化物（NO_x）的含量。由于加速或发动机高负荷，燃烧室内的温度升高，生成的NO_x也随之增加。因为高温会促使氮和空气中的氧反应，所以，减少NO_x生成的最好办法是降低燃烧室的温度。废气的主要成分是二氧化碳（CO_2）和水蒸气（H_2O），这些都是非常稳定的气体，不和氧反应。EGR系统通过进气歧管再循环这些气体，使燃烧温度降低。空气和汽油混合气与这些废气混合在一起时，汽油在混合气中的比例降低（混合气变稀）。另外，混合气燃烧所产生的热量，有一部分也被废气带走了，燃烧室的最高温度就会下降，从而减少了NO_x的产生。EGR阀结构如图6－73所示。

图6－73　EGR阀结构

1. 排气再循环工作条件

因为在低温及低负荷的情况下，NO_x 的生成量很少，EGR 系统没必要工作。在怠速时，如果 EGR 阀打开，会导致发动机抖动甚至熄火。在高速或大负荷时，如果 EGR 阀打开，则会影响发动机的输出功率，造成功率不足。因此，发动机达到工作温度并处于中高速时 EGR 阀才会工作，冷车、怠速、低负荷、高速、大负荷等工况下不工作。

2. 排气再循环阀驱动控制

按 EGR 阀的驱动方式不同，EGR 系统可分为真空驱动型和电驱动型两种类型，目前汽车普遍采用的是电驱动型 EGR 系统。在电驱动型中采用占空比控制型电磁阀直接控制排气再循环量的应用很广泛。占空比电磁阀驱动型 EGR 系统如图 6-74 所示。

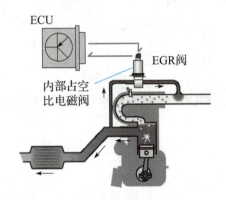

图 6-74 占空比电磁阀驱动型 EGR 系统

3. 排气再循环阀监控方式

根据是否对控制的结果进行监测，EGR 系统可分为开环控制和闭环控制两种。闭环控制 EGR 系统中，ECU 会采用各种方式来监控 EGR 系统是否工作。电磁阀型 EGR 阀中装有一个 EGR 阀位置（高度或开度）传感器，用以产生反馈信号，ECU 可根据 EGR 阀位置传感器的反馈信号修正电磁阀的开度，使 EGR 系统控制精度更高。EGR 阀位置传感器通常采用电位计式或差动电感式。闭环控制 EGR 系统是目前车型最常用的 EGR 系统。

（三）燃油蒸发控制系统

燃油蒸汽直接散入大气将造成污染。燃油蒸发控制系统是把燃油箱蒸发出来的燃油蒸汽收集起来，送入发动机内燃烧的控制系统。它利用活性炭吸附原理，在燃油蒸汽散入大气之前采用活性炭加以吸附，发动机工作时，根据各种运行工况，由控制阀控制燃油蒸汽的脱附，活性炭罐内的燃油蒸汽再次分离出来，送入发动机内燃烧。通常活性炭罐安装在右翼子加强板下。

燃油蒸发控制系统有真空控制和电子控制两种方式。真空控制的燃油蒸发控制系统用于早期的发动机。当发动机熄火时，从燃油箱蒸发出的燃油蒸汽由燃油单向阀送到活性炭罐。当发动机运转时，真空软管的负压带动驱气控制阀，活性炭罐内蒸发的燃油蒸汽通过驱气量孔经进气歧管吸进燃烧室燃烧。但要注意的是，在怠速运转或低负荷时，蒸发的燃油蒸汽不从活性炭罐吸进。

电子控制的燃油蒸发控制系统由燃油箱、油气分离阀、活性炭罐、炭罐电磁阀及相应的蒸汽管道和真空软管组成，如图 6-75 所示。油气分离阀安装在油箱的顶部，汽车倾翻时，防止油箱内的燃油从蒸汽管道中漏出。蒸汽回收罐内充满了活性炭颗粒，故又称为活性炭罐，活性炭罐外观如图 6-76 所示。

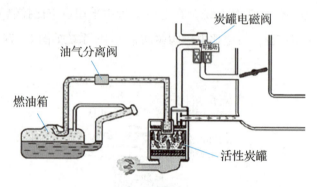

图 6-75　燃油蒸发控制系统

图 6-76　活性炭罐外观

活性炭罐内的活性炭吸附燃油蒸汽，同时起到燃油箱释压的作用。为了保证活性炭罐内活性炭的再生，在活性炭罐内还有一根空气进气管和空气相通。发动机运行时会在进气歧管内产生真空度形成吸气气流，新鲜空气从活性炭罐底部进入活性炭罐再进入进气歧管时，气流将带走吸附在活性炭上的燃油蒸汽，并将它们带到发动机烧掉。在连接活性炭罐和进气歧管之间的管子上有一电磁阀，该电磁阀称为炭罐电磁阀，用于控制清洗活性炭罐的气流。根据发动机不同工况，ECU 改变输送给电磁线圈脉冲信号的占空比，从而改变炭罐电磁阀的开度。炭罐电磁阀线圈电阻正常约为 20Ω，过大或过小则可能有内部断路或短路的情况。常见的炭罐电磁阀如图 6-77 所示。

在发动机停机或怠速运转时，ECU 使炭罐电磁阀关闭，从燃油箱中逸出的燃油蒸汽被活性炭罐中的活性炭吸收。当发动机以中、高速运转时，ECU 使炭罐电磁阀开启，储

图 6-77 常见的炭罐电磁阀

存在蒸汽回收罐内的燃油蒸汽经过真空软管后被吸入发动机。此时，由于发动机的进气量较大，少量的燃油蒸汽不会影响混合气的成分，同时 ECU 根据氧传感器的反馈信号对喷油量进行微量调整。为了防止未燃烧的燃油蒸汽进入三元催化转换器，当出现节气门全开而燃油供应须切断（飞车断油）的情况时，炭罐电磁阀必须立即关闭。

ECU 控制炭罐电磁阀通电的条件一般为：系统进入闭环控制 150s 以后；冷却液温度高于 80℃；节气门位置传感器的怠速触点是断开的；车速 ≥32km/h；发动机转速 ≥1 100r/min；发动机冷却液温度未超过设定值；冷却液液面没有过低；ECU 不能关闭喷油器（例如为防止驱动轮滑转而进行附着力控制时）。只有上述条件同时满足时，ECU 才会控制炭罐电磁阀线圈通电，否则燃油蒸汽被储存在活性炭罐中。

（四）三元催化转换器

发动机工作时会产生一些有害的燃烧产物，因此，汽车普遍安装三元催化转换器。这个装置串联在排气系统中，目的是在排气气流的一系列化学反应中起催化作用，促使发动机排出的废气中的有害气体转换成无害气体。常见的三元催化转换器结构如图 6-78 所示。

未堵塞　部分堵塞

图 6-78 常见的三元催化转换器结构

1. 三元催化转换器的结构与原理

三元催化转换器中起主要作用的是三元催化剂，它是铂或钯和铑的混合物，可促使有害气体 HC、CO 和 NO_x 发生反应，生成无害的 CO_2、N_2 和 H_2O。只有当混合气的空燃比保持稳定时，三元催化转换器的转换效率才能得到精确控制。三元催化转换器的转换效率与混合气空燃比的关系曲线，如图 6-79 所示。

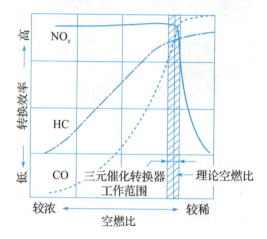

图 6-79　三元催化转换器的转换效率与混合气空燃比的关系曲线

三元催化转换器由壳体、催化剂、衬垫、载体等组成，催化剂涂在整体格栅式陶瓷载体上，当尾气通过载体时被转化。三元催化转换器的结构，如图 6-80 所示。

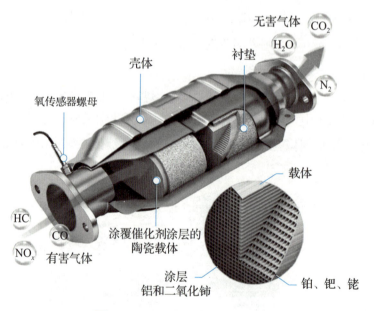

图 6-80　三元催化转换器的结构

2. 汽车尾气主要成分

空气中主要的成分为氧气（O_2）和氮气（N_2），汽油中的主要成分为碳（C）和氢（H）。当汽油发动机怠速运转时，最理想的燃烧结果是发动机排放出二氧化碳（CO_2）、水

（H_2O）及氮气（N_2）。由于内燃机无法达到百分之百的燃烧效率，因此会产生废气，其中包括：氮氧化物（NO_x）、碳氢化合物（HC）、一氧化碳（CO）、二氧化碳（CO_2）等。

汽油机的主要污染物有三种：碳氢化合物（HC），一氧化碳（CO）和氮氧化物（NO_x）。三者之和约占大气污染物总数的50％以上。HC主要来自燃烧室内未燃烧的汽油，也有一部分来自蒸发源，如燃油箱等；CO是燃烧过程的副产品，由空燃比不当造成；NO_x是在燃烧室内高温（超过1 371℃）条件下由氮气和氧气化合而成的。

3. 排放物与空燃比的关系

排放的状态与发动机的燃烧直接相关，通常有三种排放物被加以限制：CO、HC、NO_x。下面介绍排放物（CO，CO_2，HC，NO_x，O_2）浓度与空燃比（A/F）的关系，如图6-81所示。

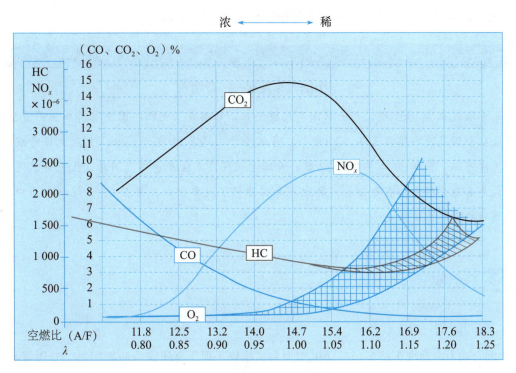

图6-81 排放物浓度与空燃比的关系

当A/F接近15∶1时，CO浓度达到最低，并当混合气进一步减稀时仍保持此低水平。CO浓度高是混合气浓的标志，并且尾气中CO和HC的浓度是判断发动机性能的一个非常有用的测量内容。

HC是汽油发动机尾气中未燃烧的汽油蒸汽，由于发动机的燃烧不可能是完全的，所以燃烧室中的某些HC蒸汽保持未燃烧状态随排气排出。HC的浓度主要取决于燃烧室的设计，HC最低点出现在A/F＝16∶1附近，混合气过稀或过浓，HC浓度都会明显增加。

与 O_2 和 CO_2 浓度一起，HC 浓度也可反映三元催化转换器的转化效率。

在尾气中 O_2 的浓度反映混合气稀的程度，当 A/F 低于 15∶1 时，O_2 稳定在很低的水平，这是由于所有 O_2 在燃烧过程被燃烧了。随着混合气变稀，A/F 高于 15∶1，O_2 稳定增加，因此尾气中的 O_2 浓度与混合气稀的程度相对应。

CO_2 是在燃烧中由一个碳原子和两个氧原子形成的燃烧产物，尾气测量中 CO_2 还包括由 CO 在三元催化转换器中氧化形成的一部分。CO_2 是最能反映燃烧效率的一个参数，其最高点出现在理论 A/F 处，它还能用于检查排气系统是否泄漏，只要有明显的泄漏，CO_2 浓度会低。

从体积上讲，空气中含有约 78% 的氮和约 21% 的氧，氮在燃烧中既不能产生，也不能转移，当温度超过 1 000℃时，氮和氧结合，氮和氧的结合形成有害的氮氧化物，包括 NO 和 NO_2。而燃烧室内温度在某些工况很容易达到 1 300℃以上。

汽车的故事

中国汽车发展——奇瑞

奇瑞成立于 1997 年，是一家国有控股企业。奇瑞成立之初，因没有轿车生产资格，无法在全国范围内销售汽车。2001 年，奇瑞给予上汽集团 20% 股份，上汽允许奇瑞使用其许可证。直到 2004 年 9 月 23 日，奇瑞才获得轿车生产资格，同时，上汽奇瑞汽车正式更名为奇瑞汽车有限公司。自此，奇瑞开始了汽车出口，并在 21 世纪初成为中国最成功的汽车出口商之一。

任务实施

一、实训器材

混合动力电动汽车整车、发动机实训台、维修手册、高压安全防护用具、专用警示标牌、绝缘工具、维修工具、万用表、诊断仪、连接导线或接线盒、开口扳手、抹布、10mm 梅花扳手、13mm 梅花扳手、活动扳手、棘轮扳手、L 形接杆、可调扭力扳手、接杆、鲤鱼钳、7mm 套筒、8mm 套筒、10mm 套筒、13mm 套筒、6mm 内六角套筒、10mm 开口扳手、举升机 1 台。

二、实训准备

（1）做好安全防护工作，操作前明确操作方法规程。

（2）结合实训台，正确认识发动机电控系统。

（3）工量具选用正确，不得暴力操作。

（4）实施作业过程中要做到7S。

三、实训步骤

（1）认识缸内直喷系统。

（2）认识点火系统。

（3）认识进气系统。

（4）认识排放系统。

任务评价

任务评价如表6-1所示。

表6-1　任务评价

考核项目	评分标准	分数	学生自评	小组互评	教师评价	小计
团队合作	是否和谐	5				
活动参与	是否积极主动	5				
安全生产	有无安全隐患	10				
现场7S	是否做到	10				
任务方案	是否正确、合理	15				
操作过程	场地检查； 高压安全防护； 高压断电与验电； 裸露高压线路包裹； 正确认识发动机电控系统	30				
任务完成情况	是否圆满完成作业	5				
工具和设备使用	是否规范、标准	10				
劳动纪律	是否能严格遵守	5				
工单填写	是否完整、规范	5				
总分		100				
教师签字：　　　　　年　　月　　日					得分	

任务二　　发动机传感器和执行器检修

案例导入

　　客户李先生驾驶一辆混合动力汽车来到维修站，反映该车在运行中发动机故障警告灯点亮。经过检查发现传感器及线路故障，从而导致发动机故障警告灯点亮。请向客户解释故障原因并排除故障。

知识介绍

一、传感器的检修

（一）进气压力温度传感器

　　国产常见混合动力汽车发动机电控系统中，一般将进气压力传感器和进气温度传感器合二为一，组成进气压力温度传感器。采用两个进气压力温度传感器，分别是进气总管压力温度传感器及进气歧管压力温度传感器。进气压力温度传感器电气原理图及针脚定义如图 6-82 所示。

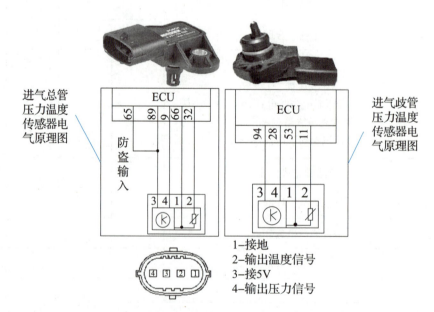

图 6-82　进气压力温度传感器电气原理图及针脚定义

　　进气总管压力温度传感器装在增压器后、电子节气门前的进气管路内，进气歧管压力温度传感器装在中冷器后的进气管中。温度传感器采用负温度系数（NTC）热敏电阻，温度升高，其阻值下降。温度传感器特性曲线如图6-83所示。

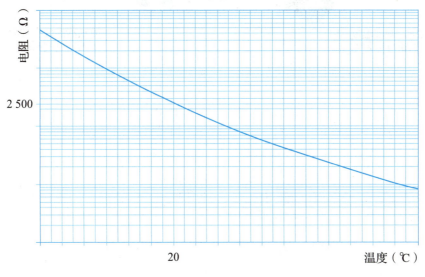

图6-83 温度传感器特性曲线

进气压力温度传感器出现故障时一般会导致汽车熄火、怠速不良等。使用过程中其损坏的原因一般为发动机运行过程中有不正常高压或反向大电流；维修过程中其损坏的原因一般为真空元件受损，因此维修过程中禁止使用高压气体冲击真空元件的方法进行检测。发现故障更换传感器的时候注意检查发电机输出电压和电流是否正常。

温度传感器简易测量方法：卸下插接器，把数字万用表打到欧姆挡，两表笔分别接传感器1♯、2♯针脚，20℃时额定电阻为2.5kΩ±0.125kΩ，其他对应的电阻数值可由图6-83所示的特征曲线量出。测量时也可用模拟的方法，具体为用电吹风向传感器吹风，观察传感器电阻的变化，此时电阻应下降。

压力传感器部分简易测量方法：接上插接器，把数字万用表打到直流电压挡，黑表笔接地，红表笔分别与3♯、4♯针脚连接。怠速状态下，3♯针脚应有5V的参考电压，4♯针脚电压为1.3V左右。空载状态下，慢慢打开节气门，4♯针脚的电压变化不大，快速打开节气门，4♯针脚的电压可瞬间达到4V左右，然后下降到1.5V左右。

（二）冷却液温度传感器

在国产比亚迪混合动力汽车发动机电控系统中，分别在发动机出水口及散热器出水口安装冷却液温度传感器，两个传感器型号相同。冷却液温度传感器电气原理图及针脚定义如图6-84所示。

冷却液温度传感器实质上是一个负温度系数的热敏电阻，其电阻值随着冷却液温度上升而减小，两者间呈非线性关系。冷却液温度传感器特性曲线如图6-85所示。

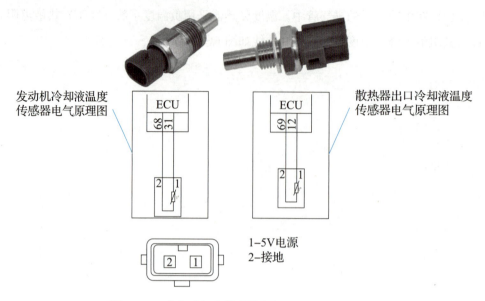

发动机冷却液温度
传感器电气原理图

散热器出口冷却液温度
传感器电气原理图

1–5V电源
2–接地

图6-84　冷却液温度传感器电气原理图及针脚定义

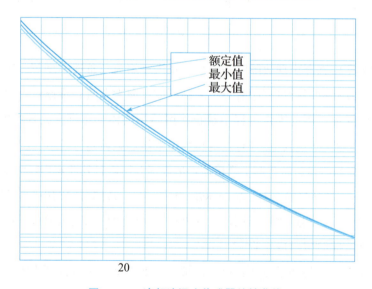

额定值
最小值
最大值

20

图6-85　冷却液温度传感器特性曲线

　　冷却液温度传感器出现故障时一般会导致汽车起动困难，一般情况下非人为因素不会造成冷却液温度传感器损坏。以国产比亚迪混合动力汽车发动机冷却液温度传感器为例，其简易测量方法为：卸下插接器，把数字万用表打到欧姆挡，两表笔分别接传感器1♯、2♯针脚，25℃时额定电阻为1.825kΩ～2.155kΩ，其他可由图6-85所示特征曲线量出。测量时也可用模拟的方法，具体为把传感器工作部分放进开水里，观察传感器电阻的变化，此时电阻应降到300～400Ω以下。

（三）氧传感器

　　国产比亚迪常见混合动力汽车发动机使用了两个氧传感器，即前氧传感器与后氧传感器。两个氧传感器都为相同型号，前氧传感器安装在排气管三元催化转换器前端，怠速时的变化数≥4次/10s，怠速时的电压变化范围为0～900mV。后氧传感器安装在排气管三元催化转换器后端，怠速时的电压变化范围为0～1V。氧传感器电气原理图及针脚定义如图6-86所示。

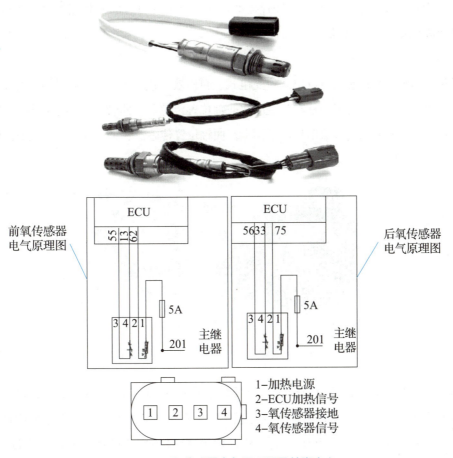

图6-86　氧传感器电气原理图及针脚定义

氧传感器出现故障时一般会导致汽车怠速不良、加速不良、尾气超标、油耗过大等。氧传感器工作的环境温度变化幅度大，含有大量水汽和各种不同成分的气体，如Pb、S、Br、Si。常见故障原因为潮湿水汽进入氧传感器内部、温度骤变导致探针破裂、氧传感器"中毒"等。

对于氧传感器的故障诊断应优先选用诊断仪检查，具体方法为：首先观察发动机故障指示灯，若点亮表示系统存在故障，应用诊断仪进行诊断。用诊断仪与ECU进行通信，读取ECU中的故障码，从而可以对氧传感器的失效作出初步判断。

对氧传感器的失效作出初步判断后，应依据图6-86所示的电气原理图，采用简易方法对氧传感器进行电气性能的检查，从而验证初步判断的结果。具体方法为：拆下插接器，将数字万用表打到欧姆挡，两表笔分别接传感器加热正与加热负两端针脚，常温下其阻值为9Ω。插上插接器，急速运转一段时间，待氧传感器达到其工作温度约350℃时，把数字万用表打到直流电压挡，两表笔分别接传感器接地和信号正极针脚，此时电压应在0.1～0.9V范围内快速波动。另外还可以采用经验判断其内部是否因温度骤变导致探针破裂，方法为：将氧传感器贴近耳朵轻轻摇动，如有异响说明内部的陶瓷探针可能破裂。出现以上故障应更换氧传感器。

（四）曲轴位置传感器

常见的曲轴位置传感器有磁电式、光电式、霍尔效应式三种。以国产比亚迪常见混合动力汽车发动机为例，它使用的是霍尔效应式曲轴位置传感器，曲轴位置传感器与附属的密封圈集成在一起，安装在后端盖信号轮平面上。曲轴位置传感器、密封圈与信号轮之间的装配关系如图6-87所示。

图6-87　曲轴位置传感器、密封圈与信号轮之间的装配关系

信号轮装在曲轴上，随曲轴旋转。信号轮上共有60个齿，其中2个是缺齿，当信号轮上各齿依次经过霍尔效应式曲轴位置传感器时，霍尔效应式曲轴位置传感器内部磁场发生变化，从而使输出的信号电压产生变化。ECU根据各齿位脉冲信号，结合缺齿信号，即可识别各缸上止点、计算曲轴转角和转速。曲轴位置传感器输出脉冲信号如图6-88所示。

图6-88　曲轴位置传感器输出脉冲信号

曲轴位置传感器出现故障时一般会导致发动机不能起动等。对曲轴位置传感器进行测量前应查阅资料，掌握其电气原理。某混合动力汽车发动机曲轴位置传感器电气原理图及针脚定义如图6-89所示。

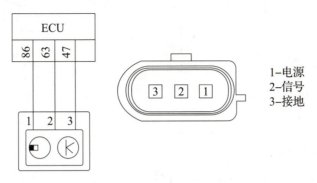

图 6‑89　曲轴位置传感器电气原理图及针脚定义

　　曲轴位置传感器的简易测量方法为：首先检查传感器外观是否脏污、安装是否正确，然后接上曲轴位置传感器插接器，电源置于 ON 挡，把数字万用表打到直流电压挡，两表笔分别接传感器 3♯、1♯针脚，确保有 5V 的参考电压。起动发动机，此时 2♯针脚信号可由车用示波器检查是否输出如图 6‑88 所示的信号波形。经过以上检查，若没有 5V 参考电压应检修传感器供电电源，若无信号则更换传感器。

（五）相位传感器

　　相位传感器即凸轮轴位置传感器，其一般安装在凸轮轴端部。以国产比亚迪常见混合动力汽车发动机为例，相位传感器采用霍尔效应式传感器，信号轮装在凸轮轴上，随凸轮轴旋转。信号轮上有 4 个齿，为 2 个小齿、2 个大齿。相位传感器结构、电气原理图及针脚定义如图 6‑90 所示。

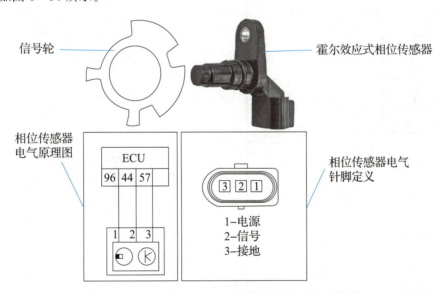

图 6‑90　相位传感器结构、电气原理图及针脚定义

　　当信号轮上各齿依次经过霍尔效应式相位传感器时，霍尔效应式相位传感器内部磁场发生变化，从而使输出的信号电压产生变化。相位传感器输出信号波形如图 6‑91 所示。

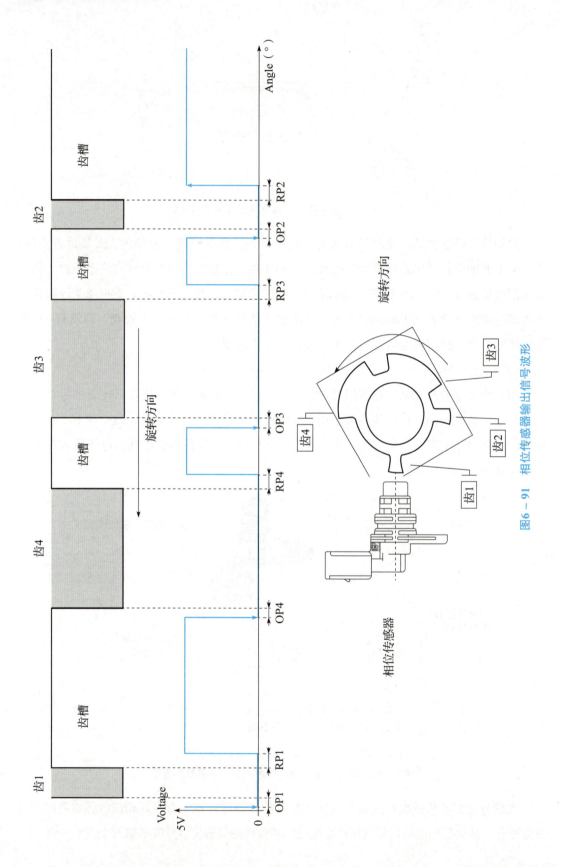

图6-91 相位传感器输出信号波形

相位传感器信号结合曲轴位置传感器信号，即可得到1缸压缩上止点位置。另外，相位传感器信号也用于可变气门正时（VVT）的反馈调节，使进气相位控制更精确。

相位传感器出现故障时一般会导致汽车排放超标、油耗增加、VVT无法正常调节等。相位传感器的简易测量应结合图6-90所示的电气原理图。方法为：首先检查相位传感器外观是否脏污、安装是否正确，然后接上曲轴位置传感器插接器，电源置于ON挡，把数字万用表打到直流电压挡，两表笔分别接相位传感器3♯、1♯针脚，确保有5V的参考电压。起动发动机，此时2♯针脚信号可由车用示波器检查是否输出如图6-90所示的信号波形。

（六）爆燃传感器

爆燃传感器安装在发动机2、3缸之间的机体上，其内部是一个封装的压电陶瓷，利用压电陶瓷的压电效应检测爆燃现象，其工作需要满足一定条件，即当发动机负荷、转速、冷却液温度分别超过门槛值，且爆燃传感器没有故障记录时，发动机才能进入爆燃闭环控制。

当发动机产生爆燃时，爆燃传感器产生相对于无爆燃时更高的幅值和频率的输出电压，经过滤波和放大处理后输送给ECU。ECU对爆燃信号进行积分，当一定的曲轴转角内的积分值超过门槛值时，ECU判定发动机处于爆燃状态，此时将控制点火提前角减小一个特定角度，如果下一个循环仍然出现爆燃，则再将点火提前角减小一个特定的角度，直至发动机不再出现爆燃，之后再逐步将点火提前角恢复至正常值。国产比亚迪混合动力汽车发动机爆燃传感器实物、电气原理图及针脚定义如图6-92所示。

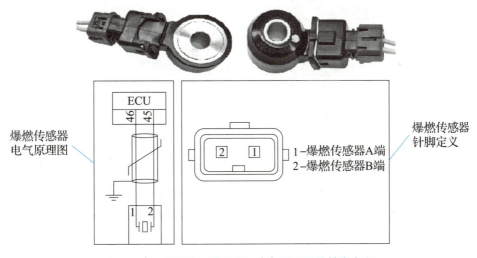

图6-92　爆燃传感器实物、电气原理图及针脚定义

爆燃传感器安装过程中必须保证其安装平面有一定的平面度、垂直度及表面光洁度，以保证传感器的输出信号满足使用要求，避免爆燃传感器长时间与汽油、防冻液、制动液等液体接触，尤其避免在加注机油的过程中机油洒在缸体上，从而影响爆燃传感器灵敏性。安装拧紧力矩为（20±5）N·m。

爆燃传感器出现故障时一般会导致发动机运转过程中加速不良、故障指示灯亮。检修时首先检查爆燃传感器外观是否脏污、安装是否正确，排除线路短路或断开的故障。爆燃传感器的简易测量应结合图6-92所示的电气原理图。简易测量方法为：断开线束连接，把数字万用表打到欧姆挡，两表笔分别接传感器1♯、2♯针脚，常温下电阻应大于1MΩ。把数字万用表打到直流电压毫伏挡，用小锤在爆燃传感器附近缸体上轻敲，爆燃传感器应有电压信号输出。不符合以上检查结果的，应更换爆燃传感器。

（七）高压燃油压力传感器

高压燃油压力传感器安装在油轨上，其内部有一块钢制膜片，膜片上由应变测量元件组成一个惠斯顿电桥，当油轨内有油压时，膜片受压变形，该变形量由惠斯通电桥进行测量，所测得的变形信号与油压成正比。通过一个集成的信号处理电路对信号进行处理，向ECU输出油压信号。国产比亚迪混合动力汽车高压燃油压力传感器实物、电气原理图及针脚定义如图6-93所示。

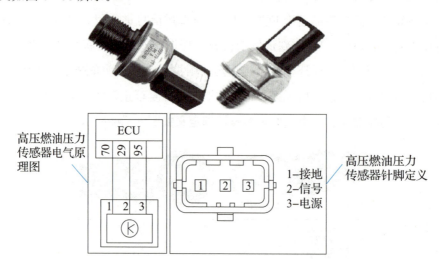

图6-93　高压燃油压力传感器实物、电气原理图及针脚定义

高压燃油压力传感器的简易测量应结合图6-93所示的电气原理图。简易测量方法为：首先检查传感器外观是否脏污、安装是否正确，然后接上高压燃油压力传感器插接器，电源置于ON挡，把数字万用表打到直流电压挡，两表笔分别接传感器3♯、1♯针脚，确保有5V的参考电压。起动发动机，此时2♯针脚信号电压随着油轨油压的升高而增大，一般怠速时为3.3～4.8V。

（八）加速踏板位置传感器

加速踏板位置传感器安装在加速踏板的轴承座上，用于检测加速踏板的位置并将信号传递给 ECU。加速踏板位置传感器内部为无触点的双电位器传感器，其电位器由 ECU 供给 5V 电压。由于 2 个电位器是同相安装的，因此当加速踏板位置发生变化时，2 个电位器的电阻值同时线性增加或减小，2 个电位器向 ECU 发出 2 路反映加速踏板位置的电压信号，电位器 1 的电压信号是电位器 2 的电压信号的 2 倍，ECU 根据此信号对驾驶员期望的扭矩进行计算，经 ECU 内部统一协调后，控制电子节气门工作。国产比亚迪混合动力汽车加速踏板位置传感器实物、电气原理图及针脚定义如图 6-94 所示。

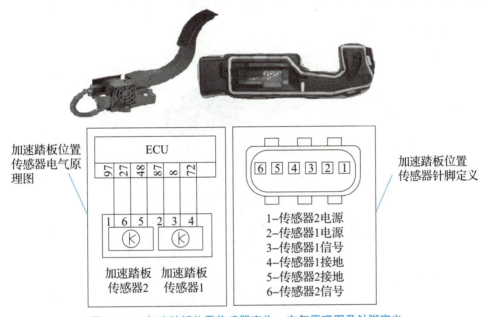

图 6-94　加速踏板位置传感器实物、电气原理图及针脚定义

加速踏板位置传感器出现故障时一般会导致汽车起动困难、怠速不稳、加速不良等。简易测量应结合图 6-94 所示的电气原理图。简易测量方法如下：

第一步：上电起动发动机，慢慢地将加速踏板踩到底，在不拔下导线侧插接器的条件下，测量传感器针脚 3# 和 4# 之间的电压，同时测量传感器针脚 5# 和 6# 之间的电压，均应逐渐升高，且传感器 1 比传感器 2 的电压一直高出 1 倍，若达不到此要求，表示传感器有故障，应更换。第二步：检查供电情况，从加速踏板位置传感器上拔下导线侧插接器，上电起动发动机，测量导线侧插接器针脚 2# 和 3#、2# 和地、1# 和 5#、1 和地之间的电压，均应大于 4.5V，否则表示电路或 ECU 有故障。第三步：检查线束情况，退电至 OFF 挡，从 ECU 上拔下导线侧插接器，测量加速踏板位置传感器导线侧插接器与 ECU 导线侧插接器相应的针脚，即 1# 与 97#、2# 与 87#、3# 与 8#、4# 与 72#、5# 与 48#、6# 与 27# 之间的电阻，均应不大于 1.5Ω，各导线间的电阻应不导通。

二、执行器和终端元件的检修

（一）低压燃油泵

低压燃油泵由直流电动机、叶片泵和端盖等组成，叶片泵和直流电动机同轴安装，并且封闭在同一个机壳内，机壳内的叶片泵和直流电动机周围都充满了燃油，利用燃油散热和润滑。蓄电池通过燃油泵继电器向低压燃油泵供电，燃油泵继电器只有在起动时和发动机运转时才使低压燃油泵电路接通。国产比亚迪混合动力汽车低压燃油泵实物及电气原理图如图 6-95 所示。

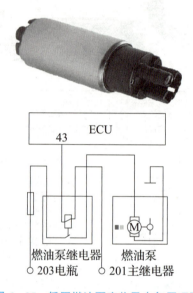

图 6-95　低压燃油泵实物及电气原理图

低压燃油泵出现故障时一般会导致汽车运转噪声大、加速不良、不能起动或起动困难等。低压燃油泵出现故障的原因一般多为使用劣质燃油从而导致胶质堆积形成绝缘层、燃油泵轴衬与电枢抱死、油面传感器组件腐蚀等。

低压燃油泵的简易测量可在进油管接上燃油压力表，起动发动机，通过观察燃油压力表的数值来判断燃油泵是否工作，若不运转，应检查"＋"针脚是否有电源电压；若运转，怠速工况下，检查燃油压力是否在 600kPa 左右。低压燃油泵更换过程中应注意：采用的燃油泵的零件号必须跟原来的一致，不允许换错；为了防止燃油泵意外损坏，不要在干态下运行；在更换低压燃油泵的同时应清洗燃油箱和管路，并更换燃油滤清器。

（二）高压燃油泵

高压燃油泵通过进气凸轮轴上的一个 4 点式凸轮来驱动，每次升程为 3.5mm。最新应用的还有燃油泵在非喷射状态下将燃油泵入高压燃油系统。限压阀集成在高压燃油泵中，它可以在受热膨胀或是在功能故障时保护零部件不会经受到燃油的高压。混合动力汽车发动机高压燃油泵如图 6-96 所示。

图 6-96 混合动力汽车发动机高压燃油泵

高压燃油泵出现故障时一般会导致汽车加速不良、不能起动、起动困难、怠速抖动等。一般故障原因为：使用劣质燃油；经常使用燃油添加剂。为延长高压燃油泵寿命，应在油量指示灯亮前加油，降低油中沉积物对整个发动机系统的影响；在需要更换燃油泵的场合，注意燃油压力泄压。

（三）喷油器

常见混合动力汽车发动机喷油器安装在靠近进气门一端，ECU 发出电脉冲信号给喷油器的线圈，形成磁场力，当磁场力上升到足以克服回位弹簧压力、针阀重力和摩擦力的合力时，针阀开始升起，喷油过程开始；当喷油脉冲截止时，回位弹簧的压力使针阀重新关上。常见混合动力汽车发动机喷油器及电气原理图如图 6-97 所示。

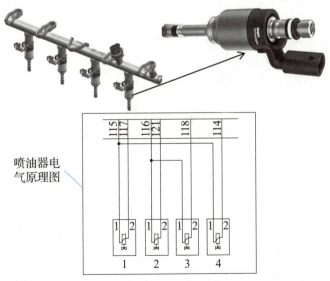

图 6-97 混合动力汽车发动机喷油器及电气原理图

喷油器实际使用过程中电气部分出现故障的概率较小，多由于缺少保养，导致喷油器内部出现胶质堆积而出现故障。喷油器故障一般会导致汽车怠速不良、加速不良、不能起动、起动困难等，出现上述问题应使用喷油器专用清洗分析仪器对喷油器进行定期清洗。

（四）点火执行器总成

点火执行器总成分为点火控制器和点火线圈两部分，早期采用分体式设计，点火控制器和点火线圈独立，将点火控制器称为执行元件，将点火线圈称为电气部件。目前多数系统将点火控制器与点火线圈集成为一体，或将点火控制器与 ECU 集成为一体。点火控制器与 ECU 集成为一体时为不可拆修部件。在自动控制系统中执行器接收 ECU 送来的控制信号，改变被控介质的大小，从而将被控变量维持在所要求的数值上或一定的范围内。因此点火执行过程中点火线圈直接接收 ECU 端口发出的脉宽调制信号，此时点火线圈便成了点火系统的执行元件，火花塞为点火系统放电终端元件。点火线圈由初级线圈、次级线圈、铁心、外壳、电气插头等组成。当某一个初级绕组接通时，该初级绕组充电，当初级绕组电路切断时充电中止，同时在次级绕组中感应出高压电，通过火花塞放电间隙放电。每个气缸都配有一个点火线圈总成，并安装在火花塞上方，这种布置方式属于典型的单独点火，其优点是省去了高压线，点火能量损耗减少。常见混合动力汽车发动机点火执行器总成外观及电气原理图如图 6-98 所示。

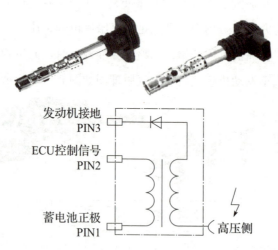

图 6-98　点火执行器总成外观及电气原理图

点火执行器总成出现故障时会导致汽车不能起动或抖动，一般故障原因为电流过大导致烧毁、受外力损坏等，维修过程禁止用短路试火测试点火功能，以免对 ECU 造成损伤。

比亚迪混合动力汽车发动机点火执行器总成电气针脚定义如下：

1 缸点火线圈。低压侧：1 号线圈初级绕组针脚接点火开关；1 号线圈初级绕组针脚接 ECU 的 99♯针脚；高压侧：两个次级绕组接线柱分别通过分火线与 1♯发动机气缸的火花塞连接。

2 缸点火线圈。低压侧：2 号线圈初级绕组针脚接点火开关；2 号线圈初级绕组针脚接 ECU 的 107♯针脚；高压侧：两个次级绕组接线柱分别通过分火线与 2♯发动机气缸的火花塞连接。

3 缸点火线圈。低压侧：3 号线圈初级绕组针脚接点火开关；3 号线圈初级绕组针脚接 ECU 的 98♯针脚；高压侧：两个次级绕组接线柱分别通过分火线与 3♯发动机气缸的火花塞连接。

4 缸点火线圈。低压侧：3 号线圈初级绕组针脚接点火开关；4 号线圈初级绕组针脚接 ECU 的 106♯针脚；高压侧：两个次级绕组接线柱分别通过分火线与 4♯发动机气缸的火花塞连接。

在对线路进行检修时可用数字万用表检查线路是否导通，是否存在短路和断路现象。

（五）炭罐电磁阀

排放系统中的活性炭罐吸收来自燃油箱的燃油蒸汽，直至燃油蒸汽饱和。ECU 控制炭罐电磁阀打开，新鲜空气与活性炭罐中饱和燃油蒸汽形成再生气流。重新引入发动机进气管。阀内设有电磁线圈，根据发动机不同工况，ECU 改变输送给电磁线圈脉冲信号的占空比，从而改变阀的开度。此外，阀的开度还受阀两端压力差的影响。活性炭罐内活性炭过滤器收集燃油蒸汽，送入发动机进气管的气流量由炭罐电磁阀来计量。炭罐电磁阀由 ECU 发出的脉冲来控制，开启的持续时间和频率必须和发动机的工况相适应。常见混合动力汽车发动机炭罐电磁阀及电气原理图如图 6-99 所示，炭罐电磁阀只有两个针脚，一个接主继电器输出端 201♯针脚，另一个接 ECU 的 78♯针脚。

图 6-99 炭罐电磁阀及电气原理图

国产比亚迪混合动力汽车发动机炭罐电磁阀安装在活性炭罐与进气歧管的真空管路之间，如图 6-100 所示。

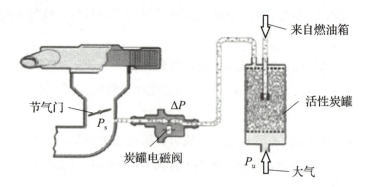

图 6-100　炭罐电磁阀安装位置

注：ΔP＝大气压力 P_u－进气歧管压力 P_s

炭罐电磁阀出现故障时会导致功能失效，故障原因一般为异物进入阀内部，导致锈蚀或密封性差等。维修安装时应注意必须使气流方向符合规定。由于阀体内部的黑色颗粒导致阀失效而需要更换阀时，应首先检查活性炭罐状况，避免水、油等液体进入阀内。

🚗 汽车的故事

中国汽车发展——吉利汽车

吉利品牌的创始人李书福本是一个冰箱制造商。直到吉利收购了一家前国有公司，才获得了制造乘用车的许可。

2010 年，吉利以 18 亿美元从福特手中收购沃尔沃，吉利还收购了 LEVC（前伦敦出租车公司）、宝腾、路特斯的控股权。为了进一步推动其成为世界上最大的汽车制造商之一，吉利收购了卡车和建筑公司沃尔沃集团 8.2% 的股权以及前梅赛德斯-奔驰母公司戴姆勒 9.7% 的股权。企业规模的增长使得吉利的销售额增长了一倍以上，吉利成为中国最成功的中国汽车制造商之一。

⚙️ 任务实施

一、实训器材

混合动力电动汽车整车、发动机实训台、维修手册、高压安全防护用具、专用警示标牌、绝缘工具、维修工具、万用表、诊断仪、连接导线或接线盒、开口扳手、抹布、10mm 梅花扳手、13mm 梅花扳手、活动扳手、棘轮扳手、L 形接杆、可调扭力扳手、接杆、鲤鱼钳、7mm 套筒、8mm 套筒、10mm 套筒、13mm 套筒、6mm 内六角套筒、10mm 开口扳手、举升机 1 台。

二、实训准备

（1）做好安全防护工作，操作前明确操作方法规程。

（2）结合实训台，正确实施进气压力温度传感器的检修。

（3）工具、量具选用正确，不得暴力操作。

（4）实施作业过程中要做到7S。

三、实训步骤

（1）测量温度传感器电阻值：用万用表欧姆挡测量传感器1♯、2♯针脚，20℃时额定电阻为 $2.5k\Omega\pm0.125k\Omega$。测量时也可借助加热装置对传感器进行加热，电阻值应随着温度升高而下降应下降。

（2）测量压力传感器电压。

1）使用208接线盒专用跨接线连接传感器插接器，把数字万用表打到直流电压挡，黑表笔接地，红表笔与3♯针脚连接，发动机运转状态下，3♯针脚应有5V的参考电压。

2）使用208接线盒专用跨接线连接传感器插接器，把数字万用表打到直流电压挡，黑表笔接地，红表笔与4♯针脚连接，空载状态下，慢慢打开节气门，4♯针脚的电压变化不大；快速打开节气门，4♯针脚的电压可瞬间达到4V左右，然后下降到1.5V左右。

任务评价

任务评价如表6-2所示。

表6-2　任务评价

考核项目	评分标准	分数	学生自评	小组互评	教师评价	小计
团队合作	是否和谐	5				
活动参与	是否积极主动	5				
安全生产	有无安全隐患	10				
现场7S	是否做到	10				
任务方案	是否正确、合理	15				
操作过程	场地检查； 高压安全防护； 高压断电与验电； 裸露高压线路包裹； 进气压力温度传感器等的检修	30				
任务完成情况	是否圆满完成作业	5				

续表

考核项目	评分标准	分数	学生自评	小组互评	教师评价	小计
工具和设备使用	是否规范、标准	10				
劳动纪律	是否能严格遵守	5				
工单填写	是否完整、规范	5				
总分		100				
教师签字：　　　　年　　月　　日					得分	

任务三　发动机电控系统故障诊断

案例导入

维修站接到客户李先生求救电话，电话描述：李先生的混合动力汽车发动机无法起动，发动机故障指示灯点亮。维修站主任派工人携带工具设备到达现场救援。请向客户解释故障原因并查阅维修资料排除故障。

知识介绍

一、发动机电控系统介绍

国内常见混合动力汽车发动机电控系统通常主要由传感器、控制器（ECU）、执行器三个部分组成，如图 6 - 101 所示，其对发动机工作时的吸入空气量、喷油量和点火提前角进行控制。

图 6 - 101　国产常见混合动力汽车发动机电控系统基本结构

传感器作为输入部分，用于测量各种物理信号并将其转化为相应的电信号。ECU 的作用是接收传感器的输入信号，并按设定的程序进行计算处理，产生相应的控制信号输送到功率驱动电路。功率驱动电路通过驱动各个执行器执行不同的动作，使发动机按照既定的控制策略运转。同时车载诊断系统对系统中各部件或控制功能进行监控，一旦探测到故障并确认后，则存储故障码，调用"跛行回家"功能，当探测到故障被消除，则恢复使用。国内常见混合动力汽车发动机电控系统的基本组成如图 6－102 所示。

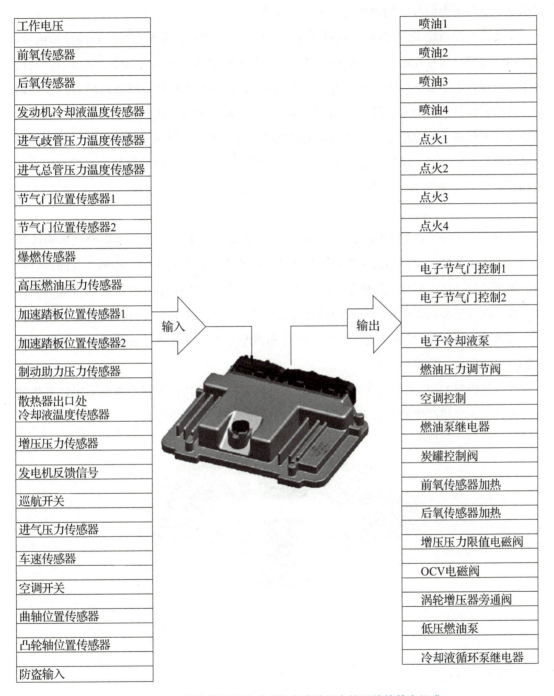

工作电压		喷油1
前氧传感器		喷油2
后氧传感器		喷油3
发动机冷却液温度传感器		喷油4
进气歧管压力温度传感器		点火1
进气总管压力温度传感器		点火2
节气门位置传感器1		点火3
节气门位置传感器2		点火4
爆燃传感器		电子节气门控制1
高压燃油压力传感器		电子节气门控制2
加速踏板位置传感器1	输入 输出	电子冷却液泵
加速踏板位置传感器2		燃油压力调节阀
制动助力压力传感器		空调控制
散热器出口处冷却液温度传感器		燃油泵继电器
增压压力传感器		炭罐控制阀
发电机反馈信号		前氧传感器加热
巡航开关		后氧传感器加热
进气压力传感器		增压压力限值电磁阀
车速传感器		OCV电磁阀
空调开关		涡轮增压器旁通阀
曲轴位置传感器		低压燃油泵
凸轮轴位置传感器		冷却液循环泵继电器
防盗输入		

图 6－102　国内常见混合动力汽车发动机电控系统的基本组成

（一）系统输入/输出信号

发动机电控系统中传感器向 ECU 输入的信号主要包括：进气压力信号、进气温度信号、电子节气门转角信号、冷却液温度信号、发动机转速信号、凸轮轴位置信号、高压油轨油压信号、爆燃信号、发电机反馈信号、加速踏板位置信号、离合器开关信号、氧传感器信号、空调压力信号、制动助力器压力信号等。

发动机电控系统 ECU 接收到传感器输入的信号后经处理产生所需的执行器控制信号，这些执行器控制信号在输出驱动电路中被放大，并传输到各对应执行器中。执行器控制信号主要包括：电子节气门开度控制信号、高压喷油器的喷油正时和喷油持续时间控制信号、高压燃油泵控制信号、低压燃油泵控制信号、炭罐控制阀开度控制信号、点火线圈闭合角和点火提前角控制信号、空调压缩机继电器控制信号、无级风扇控制信号、电子冷却液泵继电器控制信号、增压压力限制电磁阀控制信号、空气循环阀控制信号、燃油压力调节阀控制信号、OCV 电磁阀控制信号、制动真空泵继电器控制信号等。

（二）车载诊断系统

车载诊断系统，简称 OBD 系统，是指集成在发动机电控系统中，能够监测影响废气排放的故障零部件以及发动机主要功能状态的诊断系统。它具有识别、存储并且通过自诊断故障指示灯（MIL）显示故障信息的功能。为保证车辆使用过程中排放控制性能的耐久性，我国在《轻型汽车污染物排放限值及测量方法（中国六阶段）》中明确要求，所有汽车应装备 OBD 系统，该系统应在设计、制造和汽车安装上，能确保在汽车在全寿命期内识别并记录劣化或故障的类型。

在维修带有 OBD 系统的车辆时，维修人员可以通过诊断仪迅速而准确地定位发生故障的部件，大大提高维修的效率和质量。OBD 系统如图 6 - 103 所示。

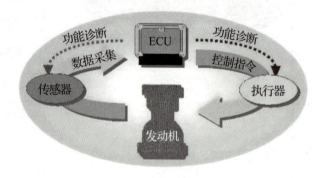

图 6 - 103　OBD 系统

二、发动机电控系统故障诊断

（一）低压燃油泵及其线路故障诊断

在故障诊断过程中可以根据故障码和故障现象两种方法进行检修诊断。因故障现象的识别过程中掺杂着一定的主观成分，不适合初学者，因此本节将以比亚迪秦混合动力汽车发动机低压燃油泵及其线路为例，进行依据故障码的检修诊断流程讲解。

1. 查阅维修资料

（1）在计算机（或其他信息化终端）上打开电子（或纸质）维修手册，如图 6-104 所示。

（2）从目录页中找到电喷系统子目录，如图 6-105 所示。

图 6-104　维修手册　　　　　　　　　　图 6-105　电喷系统子目录

（3）打开后可以找到待检修部件对应的页码位置，如图 6-106 所示。

目录

图 6-106　待检修部件的页码位置

（4）打开页码对应位置，查找低压燃油泵相关电气原理图，如图 6-107 所示。

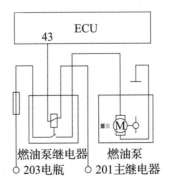

图 6-107　低压燃油泵相关电气原理图

（5）综合所有与电喷系统有关的电路图分析低压燃油泵工作过程。

（6）经过分析得知，主继电器给燃油泵继电器线圈供电，发动机 ECU 的 43♯针脚控制燃油泵继电器吸合，燃油泵即可供电运转。导致低压燃油泵不工作可能的原因包括：203 电瓶、燃油泵继电器、201 主继电器、ECU、燃油泵以及相关线路等部分出现故障。检修这部分故障时，应采用同样的方法在维修手册中查询燃油泵继电器、201 主继电器、ECU 的对应位置以及 ECU 的针脚定义，准确识别控制燃油泵继电器的 43♯针脚的具体位置。

2. 相关元件的拆装

（1）发动机 ECU。

发动机 ECU 插接器的拆卸：断开蓄电池负极，如图 6－108 所示；断开发动机 ECU 线束插接器，如图 6－109 所示。

图 6－108　断开蓄电池负极

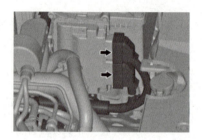

图 6－109　断开发动机 ECU 线束插接器

（2）燃油泵继电器。

如图 6－110 所示，燃油泵继电器位于加速踏板上方仪表线继电器座Ⅰ"KG－3"位置，拆卸时，断电拔下即可。

（3）主继电器。

如图 6－111 所示，主继电器位于加速踏板上方仪表线继电器座Ⅱ"KG－5"位置，拆卸时，断电拔下即可。

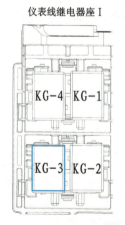

图 6－110　燃油泵继电器位置

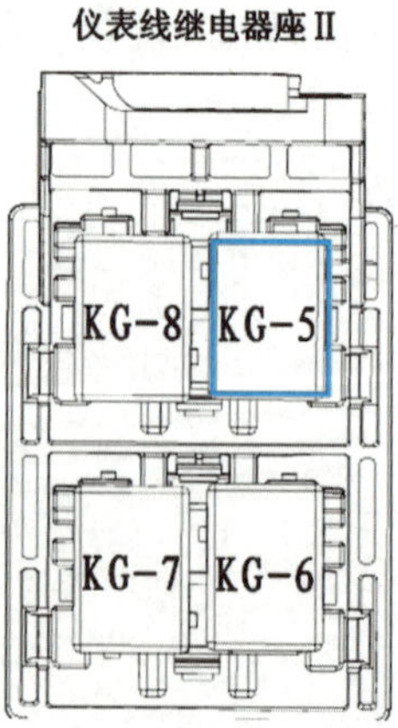

图 6－111　主继电器的位置

（4）ECU 43♯针脚位置，如图 6 - 112 所示。

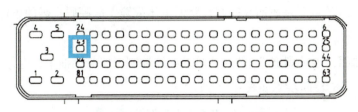

图 6 - 112　发动机 ECU 针脚位置

3. 低压燃油泵及其线路故障诊断

由于比亚迪秦混合动力汽车发动机低压燃油泵继电器受发动机 ECU 的控制，当这部分发生故障时，发动机 ECU 将以故障码形式进行储存。发动机 ECU 中涉及低压燃油泵部分的故障码如表 6 - 3 所示。

表 6 - 3　发动机 ECU 中涉及低压燃油泵部分的故障码

序号	故障码	故障描述
1	P0627	燃油泵控制线路开路故障
2	P0628	燃油泵控制线路低电压故障
3	P0629	燃油泵控制线路高电压故障

（1）P0627。

故障码 P0627 的含义是燃油泵控制线路开路故障。故障码报码的条件是驱动通道自诊断故障。

故障可能原因：连接到 ECU 的燃油泵继电器控制电路与燃油泵继电器之间开路；燃油泵继电器与主继电器之间开路；继电器的电磁线圈开路。

P0627 故障码的诊断步骤如表 6 - 4 所示。

表 6 - 4　P0627 故障码的诊断步骤

步骤	操作	是	否
1	ON 挡上电	转第 2 步	—
2	用诊断仪读取 ECU 是否有该故障码	转第 3 步	排查其他故障码
3	用万用表测量燃油泵继电器控制电路连接到 ECU 43♯针脚的电阻是否无穷大	维修线束	转第 4 步
4	用万用表测量主继电器到燃油泵继电器线圈供电线之间的电阻是否无穷大	维修线束	转第 5 步
5	用万用表测量燃油泵继电器内部线圈电阻是否无穷大	更换燃油泵继电器，系统正常	重复 1

（2）P0628。

故障码 P0628 的含义是燃油泵控制线路低电压故障。故障码报码的条件是驱动通道自诊断故障。

故障可能原因：连接到 ECU 的燃油泵继电器控制电路与燃油泵继电器之间对地短路。

P0628 故障码的诊断步骤如表 6 - 5 所示。

表 6 - 5　P0628 故障码的诊断步骤

步骤	操作	是	否
1	ON 挡上电	转第 2 步	—
2	用诊断仪读取 ECU 是否有该故障码	转第 3 步	排查其他故障码
3	检查插接器是否插接不实或接触不良	维修线束	转第 4 步
4	用万用表测量连接到 ECU 43♯针脚的燃油泵继电器控制电路对地电阻是否小于 5Ω	故障排除，系统正常	重复 1

（3）P0629。

故障码 P0629 的含义是燃油泵控制线路高电压故障。

故障可能原因：连接到 ECU 的燃油泵继电器控制电路与燃油泵继电器之间对电源短路。

P0629 故障码的诊断步骤如表 6 - 6 所示。

表 6 - 6　P0629 故障码的诊断步骤

步骤	操作	是	否
1	ON 挡上电	转第 2 步	—
2	用诊断仪读取 ECU 是否有该故障码	转第 3 步	排查其他故障码
3	用万用表测量连接到 ECU 43♯针脚的燃油泵继电器控制电路的电压是否为 12V	故障排除，系统正常	重复 1

（二）喷油器及其线路故障诊断

1. 查阅维修资料

（1）在计算机（或其他信息化终端）上打开电子（或纸质）维修手册，如图 6 - 113 所示。

（2）从目录页找到电喷系统子目录，如图 6 - 114 所示。

图 6 - 113　维修手册

图 6 - 114　电喷系统子目录

（3）打开后可以找到待检修部件对应的页码，如图 6 - 115 所示。

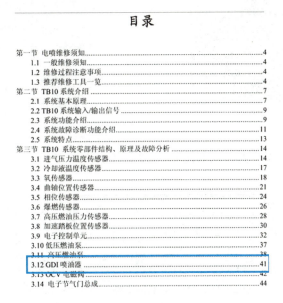

图 6 - 115　待检修部件的页码位置

（4）打开页码对应位置，查找喷油器相关电气原理图，如图 6 - 116 所示。

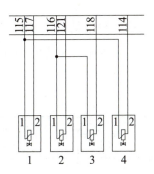

图 6 - 116　喷油器相关电气原理图

（5）综合所有与电喷系统有关的电路图分析喷油器工作过程。

（6）经过分析得知，1 缸和 4 缸喷油器由 ECU 115♯针脚供电，2 缸和 3 缸喷油器由 ECU 116♯针脚供电。1、2、3、4 缸喷油器的搭铁分别受 ECU 117♯、ECU 121♯、ECU 118♯、ECU 114♯针脚控制。

2. 相关元件的拆装

（1）发动机 ECU。

发动机 ECU 插接器的拆卸：断开蓄电池负极，如图 6 - 117 所示；断开发动机 ECU 线束插接器，如图 6 - 118 所示。

图 6-117　断开蓄电池负极

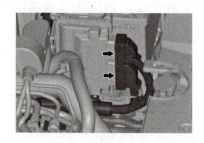

图 6-118　断开发动机 ECU 线束插接器

（2）发动 ECU 针脚位置布局如图 6-119 所示。

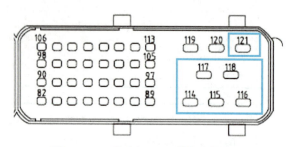

图 6-119　发动机 ECU 针脚位置布局

3. 故障诊断

由于比亚迪秦混合动力汽车发动机喷油器受发动机 ECU 的控制，当这部分发生故障时，发动机 ECU 将以故障码形式进行储存。发动机 ECU 中涉及喷油器部分的故障码如表 6-7 所示。

表 6-7　发动机 ECU 中涉及喷油器部分的故障码

序号	故障码	故障描述
1	P0201	1♯喷油器控制线路开路故障
2	P0202	2♯喷油器控制线路开路故障
3	P0203	3♯喷油器控制线路开路故障
4	P0204	4♯喷油器控制线路开路故障
5	P0261	1♯喷油器低边低电压故障
6	P0262	1♯喷油器低边高电压故障
7	P0263	1♯喷油器低边与高边短路故障
8	P0264	2♯喷油器低边低电压故障
9	P0265	2♯喷油器低边高电压故障
10	P0266	2♯喷油器低边与高边短路故障
11	P0267	3♯喷油器低边低电压故障
12	P0268	3♯喷油器低边高电压故障
13	P0269	3♯喷油器低边与高边短路故障
14	P0270	4♯喷油器低边低电压故障

续表

序号	故障码	故障描述
15	P0271	4♯喷油器低边高电压故障
16	P0272	4♯喷油器低边与高边短路故障

（1）P0201、P0202、P0203、P0204。

故障码 P0201、P0202、P0203、P0204 的含义是 1、2、3、4 缸喷油器控制线路开路故障。这类故障代码报码的条件是驱动通道自诊断故障。

故障可能原因：ECU 或喷油器的插接器相应针脚接触不良；喷油器插接器 2♯针脚到 ECU 相应针脚开路。

P0201、P0202、P0203、P0204 故障码的诊断步骤如表 6-8 所示。

表 6-8　P0201、P0202、P0203、P0204 故障码的诊断步骤

步骤	操作	是	否
1	ON 挡上电	转第 2 步	—
2	用诊断仪读取 ECU 是否有该故障码	转第 3 步	排查其他故障码
3	检查插接器是否接触不良	维修线束插接器	转第 4 步
4	依据电气原理图和发动机 ECU 针脚定义图，用万用表测量 ECU 相应针脚到喷油器插接器 2♯针脚线路的电阻是否为无穷大	维修线束系统正常	重复 1

（2）P0261、P0264、P0267、P0270。

故障码 P0261、P0264、P0267、P0270 的含义是喷油器低边低电压故障。这类故障码报码的条件是驱动通道自诊断故障。

故障可能原因：连接到 ECU 针脚的低边电路对地短路。

P0261、P0264、P0267、P0270 故障码的诊断步骤如表 6-9 所示。

表 6-9　P0261、P0264、P0267、P0270 故障码的诊断步骤

步骤	操作	是	否
1	ON 挡上电	转第 2 步	—
2	用诊断仪读取 ECU 是否有该故障码	转第 3 步	排查其他故障码
3	检查插接器是否插接不实或接触不良	维修线束	转第 4 步
4	依据电气原理图和发动机 ECU 针脚定义图，用万用表测量喷油器插接器 2♯针脚至 ECU 相应针脚的线路对地电阻是否小于 5Ω	故障排除，系统正常	重复 1

（3）P0262、P0265、P0268、P0271。

故障码 P0262、P0265、P0268、P0271 的含义是喷油器低边高电压故障。这类故障码报码的条件是驱动通道自诊断故障。

故障可能原因：连接到 ECU 针脚的低边电路对电源短路。

P0262、P0265、P0268、P0271 故障码的诊断步骤如表 6-10 所示。

表 6-10　P0262、P0265、P0268、P0271 故障码的诊断步骤

步骤	操作	是	否
1	ON 挡上电	转第 2 步	—
2	用诊断仪读取 ECU 是否有该故障码	转第 3 步	排查其他故障码
3	检查插接器是否插接不实或接触不良	维修线束	转第 4 步
4	依据电气原理图和发动机 ECU 针脚定义图，用万用表测量喷油器插接器 2♯针脚至 ECU 相应针脚的电压是否为 12V	故障排除，系统正常	重复 1

（4）P0263、P0266、P0269、P0272。

故障码 P0263、P0266、P0269、P0272 的含义是喷油器低边与高边短路故障。这类故障码报码的条件是驱动通道自诊断故障。

故障可能原因：喷油器 1♯针脚与 2♯针脚之间短路。

P0263、P0266、P0269、P0272 故障码的诊断步骤如表 6-11 所示。

表 6-11　P0263、P0266、P0269、P0272 故障码的诊断步骤

步骤	操作	是	否
1	ON 挡上电	转第 2 步	—
2	用诊断仪读取 ECU 是否有该故障码	转第 3 步	排查其他故障码
3	检查插接器是否插接不实或接触不良	维修线束	转第 4 步
4	依据电气原理图和发动机 ECU 针脚定义图，用万用表测量喷油器插接器 1♯针脚与 2♯针脚之间的阻值是否小于 5Ω	故障排除，系统正常	重复 1

（三）点火线圈及其线路故障诊断

1. 查阅维修资料

（1）在计算机（或其他信息化终端）上打开电子（或纸质）维修手册，如图 6-120 所示。

（2）从目录页找到电喷系统子目录，如图 6-121 所示。

图 6-120　维修手册　　　　　　**图 6-121　电喷系统子目录**

（3）打开后可以找到待检修部件对应的页码，如图 6-122 所示。

目录

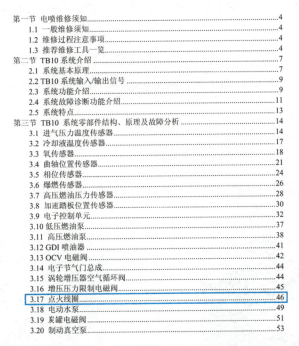
图 6-122　待检修部件的页码位置

（4）打开页码对应位置，查找与点火线圈有关的电气原理图，如图 6-123 所示。

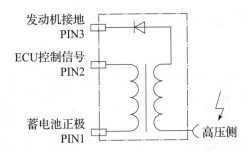

发动机接地　PIN3
ECU控制信号　PIN2
蓄电池正极　PIN1
高压侧

图 6-123　点火线圈相关电气原理图

（5）综合所有与电喷系统有关的电路图分析点火线圈工作过程。

（6）经过分析得知：

1 缸点火线圈。低压侧：1♯点火线圈初级绕组针脚接点火开关；1♯点火线圈初级绕组针脚接 ECU 的 99♯针脚；高压侧：两个次级绕组接线柱分别通过分火线与 1♯发动机气缸的火花塞连接。

2 缸点火线圈。低压侧：2♯点火线圈初级绕组针脚接点火开关；2♯点火线圈初级绕组针脚接 ECU 的 107♯针脚；高压侧：两个次级绕组接线柱分别通过分火线与 2♯发动机气缸的火花塞连接。

3 缸点火线圈。低压侧：3♯点火线圈初级绕组针脚接点火开关；3♯点火线圈初级绕组针脚接 ECU 的 98♯针脚；高压侧：两个次级绕组接线柱分别通过分火线与 3♯发动机气缸的火花塞连接。

4 缸点火线圈。低压侧：3♯点火线圈初级绕组针脚接点火开关；4♯点火线圈初级绕组针脚接 ECU 的 106♯针脚；高压侧：两个次级绕组接线柱分别通过分火线与 4♯发动机气缸的火花塞连接。

2. 相关元件的拆装

（1）发动机 ECU。

发动机 ECU 插接器的拆卸：断开蓄电池负极，如图 6-124 所示；断开发动机 ECU 线束插接器，如图 6-125 所示。

图 4-124　断开蓄电池负极

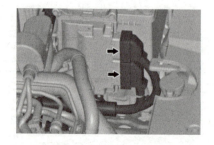
图 6-125　断开发动机 ECU 线束插接器

（2）发动机 ECU 针脚位置布局如图 6-126 所示。99/107/98/106 分别对应 1/2/3/4 缸点火线圈控制端。

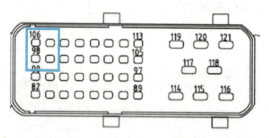
图 6-126　发动机 ECU 针脚位置布局

3. 故障诊断

由于比亚迪秦混合动力汽车发动机点火线圈受发动机 ECU 的控制，当这部分发生故障时，发动机 ECU 将以故障码形式进行储存。发动机 ECU 中涉及点火线圈部分的故障码如表 6-12 所示。

表 6-12　发动机 ECU 中涉及点火线圈部分的故障码

序号	故障码	故障描述
1	P0351	1♯点火线圈控制线路开路故障
2	P0352	2♯点火线圈控制线路开路故障
3	P0353	3♯点火线圈控制线路开路故障
4	P0354	4♯点火线圈控制线路开路故障
5	P2300	1♯点火线圈控制线路低电压故障
6	P2301	1♯点火线圈控制线路高电压故障
7	P2303	2♯点火线圈控制线路低电压故障
8	P2304	2♯点火线圈控制线路高电压故障
9	P2306	3♯点火线圈控制线路低电压故障
10	P2307	3♯点火线圈控制线路高电压故障
11	P2309	4♯点火线圈控制线路低电压故障
12	P2310	4♯点火线圈控制线路高电压故障

（1）P0351、P0352、P0353、P0354。

故障码 P0351、P0352、P0353、P0354 的含义是 1/2/3/4 缸点火线圈控制线路开路故障。这类故障码报码的条件是驱动通道自诊断故障。

故障可能原因：ECU 或点火线圈的插接器相应针脚接触不良；点火线圈插接器 2♯针脚到 ECU 相应针脚开路；点火线圈连接到主继电器的电路开路。

P0351、P0352、P0353、P0354 故障码的诊断步骤如表 6-13 所示。

表 6-13　P0351、P0352、P0353、P0354 故障码的诊断步骤

步骤	操作	是	否
1	ON 挡上电	转第 2 步	—
2	用诊断仪读取 ECU 是否有该故障码	转第 3 步	排查其他故障码
3	检查插接器是否接触不良	维修线束插接器	转第 4 步
4	依据电气原理图和发动机 ECU 针脚定义图，用万用表测量 ECU 相应针脚到点火线圈插接器 2♯针脚线路的电阻是否为无穷大	维修线束系统正常	转第 5 步

续表

步骤	操作	是	否
5	依据电气原理图和发动机 ECU 针脚定义图，用万用表测量点火线圈插接器 3♯脚到主继电器之间的电阻是否为无穷大	维修线束系统正常	重复1

（2）P2300、P2303、P2306、P2309。

故障码 P2300、P2303、P2306、P2309 的含义是 1/2/3/4 缸点火线圈控制线路低电压故障。这类故障码报码的条件是驱动通道自诊断故障。

故障可能原因：点火线圈连接到 ECU 相应针脚的控制电路对地短路。

P2300、P2303、P2306、P2309 故障码的诊断步骤，如表 6-14 所示。

表 6-14 P2300、P2303、P2306、P2309 故障码的诊断步骤

步骤	操作	是	否
1	ON 挡上电	转第 2 步	—
2	用诊断仪读取 ECU 是否有该故障码	转第 3 步	排查其他故障码
3	检查插接器是否插接不实或接触不良	维修线束	转第 4 步
4	依据电气原理图和发动机 ECU 针脚定义图，用万用表测量点火线圈插接器至 ECU 相应针脚的线路对地电阻是否小于 5Ω	故障排除，系统正常	重复1

（3）P2301、P2304、P2307、P2310。

故障码 P2301、P2304、P2307、P2310 的含义是 1/2/3/4 缸点火线圈控制线路高电压故障。这类故障码报码的条件是驱动通道自诊断故障。

故障可能原因：点火线圈连接到 ECU 相应针脚的控制电路对电源短路。

P2301、P2304、P2307、P2310 故障码的诊断步骤，如表 6-15 所示。

表 6-15 P2301、P2304、P2307、P2310 故障码的诊断步骤

步骤	操作	是	否
1	ON 挡上电	转第 2 步	—
2	用诊断仪读取 ECU 是否有该故障码	转第 3 步	排查其他故障码
3	检查插接器是否插接不实或接触不良	维修线束	转第 4 步
4	依据电气原理图和发动机 ECU 针脚定义图，用万用表测量点火线圈插接器相应针脚至 ECU 相应针脚的电压是否为 12V	故障排除，系统正常	重复1

汽车的故事

中国汽车发展——江淮汽车

作为中国综合型汽车企业集团之一，江淮汽车（JAC）深入践行"一带一路"倡议，积极参与共建"一带一路"结出累累硕果。从 1990 年至今，江汽集团累计出口全球 132 个国家和地区，交付超 140 万辆汽车。目前，江汽集团已在 124 个"一带一路"共建国家累计出口超 80 万辆汽车。2024 年上半年，江汽集团出口"一带一路"共建国家占其整体出口量的 85%。

任务实施

一、实训器材

混合动力电动汽车整车、发动机实训台、维修手册、高压安全防护用具、专用警示标牌、绝缘工具、维修工具、万用表、诊断仪、连接导线或接线盒、开口扳手、抹布、10mm 梅花扳手、13mm 梅花扳手、活动扳手、棘轮扳手、L 形接杆、可调扭力扳手、接杆、鲤鱼钳、7mm 套筒、8mm 套筒、10mm 套筒、13mm 套筒、6mm 内六角套筒、10mm 开口扳手、举升机 1 台。

二、实训准备

（1）做好安全防护工作，操作前明确操作方法规程。

（2）结合实训台，针对故障码 P0627 进行诊断。

（3）工具、量具选用正确，不得暴力操作。

（4）实施作业过程中要做到 7S。

三、实训步骤

（1）打开维修手册（电子或纸质）。

（2）从中找到待检修部件对应的页码。

（3）查找低压燃油泵相关的电气原理图，如图 6-107 所示。

（4）综合所有与电喷系统有关的电路图综合分析低压燃油泵工作过程。

（5）经过分析得知，主继电器给燃油泵继电器线圈供电，ECU 43♯针脚控制燃油泵继电器吸合，燃油泵即可供电运转。导致低压燃油泵不工作可能的原因包括 203 电瓶、燃油泵继电器、201 主继电器、ECU、燃油泵以及相关线路等部分。检修这部分故障时，在维修手册中查询燃油泵继电器、201 主继电器、ECU 的位置以及 ECU 的针脚定义，准确识别控制燃油泵继电器的 43♯针脚的具体位置。诊断步骤如表 6‑16 所示。

表 6‑16 诊断步骤

步骤	操作	是	否
1	ON 挡上电	转第 2 步	—
2	用诊断仪读取 ECU 是否有该故障码	转第 3 步	排查其他故障码
3	用万用表测量燃油泵继电器控制电路连接到 ECU 43♯针脚的电阻是否无穷大	维修线束	转第 4 步
4	用万用表测量主继电器到燃油泵继电器线圈供电线之间的电阻是否无穷大	维修线束	转第 5 步
5	用万用表测量燃油泵继电器内部线圈电阻是否无穷大	更换燃油泵继电器，系统正常	重复 1

 任务评价

任务评价如表 6‑17 所示。

表 6‑17 任务评价

考核项目	评分标准	分数	学生自评	小组互评	教师评价	小计
团队合作	是否和谐	5				
活动参与	是否积极主动	5				
安全生产	有无安全隐患	10				
现场 7S	是否做到	10				
任务方案	是否正确、合理	15				
操作过程	场地检查； 高压安全防护； 高压断电与验电； 裸露高压线路包裹； 故障码 P0627 诊断	30				
任务完成情况	是否圆满完成作业	5				
工具和设备使用	是否规范、标准	10				
劳动纪律	是否能严格遵守	5				
工单填写	是否完整、规范	5				
总分		100				
教师签字： 年 月 日					得分	

项目小结

　　本项目围绕混合动力汽车发动机缸内直喷系统、进气系统、排放系统等内容展开，主要介绍了发动机电控系统的相关知识，应系统了解发动机电控系统的作用、组成、工作原理；掌握发动机电控系统主要零部件的构造、工作原理及装配关系；详细介绍了发动机电控系统的拆装与检修，应掌握发动机电控系统的拆装要点、主要传感器和执行器的检查维修和装配调整方法。通过系统的学习，同学们应该从知识、能力、素养三个方面提升个人综合能力。

同步练习

一、填空题

1. 高压燃油系统由（　　）、（　　）、（　　）、（　　）等组成。

2. 高压喷油器有（　　）和（　　）喷油器两种。

3. 高压喷油器由（　　）、（　　）、（　　）、（　　）、（　　）等组成。

4. 缸内直喷发动机一般采用（　　）高压燃油泵。

5. 高压燃油泵由（　　）、（　　）、（　　）、（　　）、（　　）等组成。

6. 高压燃油泵的工作过程分为（　　）、（　　）、（　　）三个阶段。

二、判断题

1. 现代汽车广泛采用集中控制系统，它将多种控制功能集中到一个ECU上。（　　）

2. 电控系统中的信号输入装置是各种传感器。（　　）

3. 闭环控制系统的控制方式比开环控制系统要简单。（　　）

4. 开环控制的控制结果是否达到预期的目标对其控制的过程没有影响。（　　）

5. 空气流量传感器可应用在L型和D型电控燃油喷射系统中。（　　）

6. 空气流量传感器与进气歧管绝对压力传感器相比，检测的进气量精度更高一些。（　　）

7. 发动机集中控制系统中，一个传感器信号输入ECU可以作为几个子控制系统的控制信号。（　　）

8. 在发动机集中控制系统中，同一传感器信号可应用于不同子控制系统中。（　　）

9. 空气流量信号是燃油喷射和点火正时的主控制信号。（　　）

10. 发动机集中控制系统中，各子控制系统所需要的信息是不相同的。（　　）

11. 随着控制功能的增加，执行元件将会适当减少。（　　）

12. 后备系统在发动机控制模块内，由自诊断系统控制开启。（　　）

13. 后备系统是简易控制，既能维持其基本功能，又能保持发动机正常运行的最佳性能。（　　）

14. D 型进气系统结构简单，应用比较广泛。（　　　）

15. 当节气门内腔有积炭后，可用砂纸将其清除。（　　　）

16. 在 D 型电控燃油喷射系统中，进气歧管绝对压力传感器应用最多的是表面弹性波式。（　　　）

17. ECU 检测到进气歧管绝对压力变化较转速变化的时间滞后。（　　　）

18. 设置容量较大的进气室可防止进气的波动。（　　　）

19. 设置容量较大的进气室增加了各缸进气的相互干扰。（　　　）

20. 电控发动机上装用的空气滤清器与普通发动机上的空气滤清器原理不同。（　　　）

21. 气缸内的温度越高，排出的 NO_x 量越多。（　　　）

22. 三元催化转换器发生破裂、失效时会造成发动机动力性能下降。（　　　）

23. 燃烧的温度越低，NO_x 排出的就越多。（　　　）

24. EGR 系统会对发动机的性能造成一定的影响。（　　　）

25. 怠速时，CO 的排放量最多，NO_x 最少。（　　　）

26. 加速时，HC 排放量最少，NO_x 增加最显著。（　　　）

27. 曲轴箱窜气的主要成分是 HC 和 CO。（　　　）

28. 排气再循环的作用是减少 HC、CO 和 NO_x 的排放量。（　　　）

29. 发动机温度过高不会损坏三元催化转换器。（　　　）

30. 空燃比反馈控制系统在各种电控发动机上都使用。（　　　）

三、选择题

1. 属于质量流量型的空气流量传感器是（　　　）。

A. 叶片式空气流量传感器　　　　　　B. 热膜式空气流量传感器

C. 卡门涡流式空气流量传感器　　　　D. 体积流量型空气流量传感器

2. 以下哪项通常采用顺序喷射方式？（　　　）

A. 机械式汽油喷射系统　　　　　　　B. 电控汽油喷射系统

C. 节气门汽油喷射系统　　　　　　　D. 以上都正确

E. 以上都不正确

3. 在（　　　）式空气流量传感器中，装有进气温度传感器和燃油泵控制触点。

A. 翼片　　　　　B. 卡门涡流　　　　　C. 热线　　　　　D. 热膜

4. 当节气门开度突然加大时，燃油分配管内油压（　　　）。

A. 升高　　　　　B. 降低　　　　　C. 不变　　　　　D. 先降低再升高

5. 负温度系数热敏电阻的阻值随温度的升高而（　　　）。

A. 升高　　　　　B. 降低　　　　　C. 不受影响　　　　　D. 先高后低

参考文献

［1］申荣卫. 混合动力汽车拆装与检测［M］. 北京：机械工业出版社，2019.

［2］宫英伟，张北北. 混合动力电动汽车结构原理与检修工作页［M］. 北京：机械工业出版社，2018.

［3］孔宪峰. 汽车发动机构造与维修［M］. 3 版. 北京：高等教育出版社，2022.

［4］汤茂银. 混合动力汽车结构与检修一体化教程［M］. 北京：机械工业出版社，2021.

［5］陈社会. 混合动力汽车构造与维修［M］. 2 版. 北京：机械工业出版社，2021.

［6］赵振宁，邱洁，刘凤珠. 混合动力汽车构造原理与检修［M］. 北京：机械工业出版社，2019.

［7］金希计，吴荣辉. 纯电动/混合动力汽车结构原理与检修：配实训工单［M］. 北京：机械工业出版社，2022.